EVANGELIO

DE

JESUCRISTO

Recibido

Por

Harold L. Watson

*En Trafford Publishing creemos en la responsabilidad que todos, tanto individuos
como empresas, tenemos al tomar decisiones cabales cuando estas tienen impactos
sociales y ecológicos. Usted, en su posición de lector y autor, apoya estas iniciativas de
responsabilidad social y ecológica cada vez que compra un libro impreso por Trafford
Publishing o cada vez que publica mediante nuestros servicios de publicación. Para
conocer más acerca de cómo usted contribuye a estas iniciativas, por favor visite:
http://www.trafford.com/publicacionresponsable.html*

*Nuestra misión es ofrecer eficientemente el mejor y más exhaustivo servicio de
publicación de libros en el mundo, facilitando el éxito de cada autor. Para
conocer más acerca de cómo publicar su libro a su manera y hacerlo disponible
alrededor del mundo, visítenos en la dirección www.trafford.com*

Trafford rev. 12/31/2009

 www.trafford.com

Para Norteamérica y el mundo entero
llamadas sin cargo: 1 888 232 4444 (USA & Canadá)
teléfono: 250 383 6864 ♦ fax: 812 355 4082 ♦ correo electrónico: info@trafford.com

Reconocimiento

Tengo mucha gratitud para Carlos Ariel Burelo quíen empleó su talento para ayudarme crear la imagen del cubrimiento.

También quiero expresar mi gratitud al Pastor Daniel Barrasa, pastor de la iglesia, MINISTERIOS MONTE SINAI en Marysville, Washington. Pastor Barrasa dedicó muchas horas a la obra de revisar todo el libro.

CONTENIDO

INTRODUCCION

El propósito de éste libro tiene dos objetivos: 1. Compartir con usted el entendimiento del evangelio de nuestro Señor Jesucristo, que yo creo que nuestro Padre Celestial me ha dado. 2. Para animar a usted para estudiar las escrituras y depender en el Espíritu Santo para iluminarle en su entendimiento, que usted sea persuadido de la validad de éstas cosas por medio de su propia investigación. *Todos tus hijos serán enseñados por Jehová.*

El Evangelio en su forma más sencilla se encuentra en I Corintios 15:1-4:

Además os declaro, hermanos, el evangelio que os he predicado, en el cual también perseveráis; por el cual asimismo, si retenéis la palabra que os he predicado, sois salvos, si no creísteis en vano. Porque primeramente os he enseñado lo que asimismo recibí: Que Cristo murió por nuestros pecados, conforme a las Escrituras; y que fue sepultado, y que resucitó al tercer día, conforme a las Escrituras; y que apareció a Cefas, y después a los doce. Después apareció a más de quinientos hermanos a la vez, de los cuales muchos viven aún, y otros duermen. Después apareció a Jacobo; después a todos los apóstoles; y al último de todos, como a un abortivo, me apareció a mí.-----Así predicamos, y así habéis creído.

Debemos darnos cuenta que estos tres puntos son más que solamente algún credo religioso, sino pertenecen al record histórico de los acontecimientos humanos. En otras palabras estos puntos del evangelio son objetivos y no dependen en ninguna percepción humana por su realidad. Ellos son hechos históricos. Esto quiere decir que no es necesario que nosotros sintamos en nosotros mismos su veracidad. Son declaraciones válidas de los hechos que no requieren nada de usted ni de mí para garantizar su realidad. Ni requieren nuestra creencia y fe para impartirles realidad. Como Dios en si mismo, ellos son verídicos sin ayuda de nosotros. Tampoco puede nuestra incredulidad disminuirlos ni cambiarlos en ninguna manera. Estos puntos son más durables que las letras de la Ley que fueron grabadas en piedra.

Fácilmente puede ver que quiere decir esto. Que usted y yo tenemos algo real y verídico en lo cual podemos poner nuestra confianza. El apóstol Pedro lo expresó en ésta manera: *Porque no os hemos dado a conocer el poder y la venida de nuestro Señor Jesucristo siguiendo fábulas artificiosas, sino como habiendo visto con nuestros propios ojos su majestad.* Ya puede entender que la fe cristiana no es igual a pretensión. La fe verdadera de la Biblia no depende de, ni requiere reliquias religiosas, ni música especial, ni los vidrios pintados, ni apariencias sobrenaturales o cualquier clase de aparato asociado con la religión. La verdadera fe Bíblica es puesta en una Persona, quien salió de la eternidad al tiempo y el espacio que Él mismo creó, y tomó parte en la historia humana.

Entonces estuvo crucificado para limpiarnos de nuestros pecados y librarnos de nuestra cautividad a Satanás. Para finalizarlo estuvo sepultado, pero tres días después estuvo levantado de entre los muertos para garantizar a los que confiaría en Él que tenía el poder para resucitar a ellos también en el orden apuntado a ellos. Después de resucitar continuó enseñando a sus discípulos durante cuarenta días antes de salir de la tierra. Hechos 1:3. *Cristo, habiendo ofrecido una vez para siempre un solo sacrificio por los pecados, se ha sentado a la diestra de Dios.*

Este libro está dedicado

para todos los miembros en singular de aquel glorioso y terrible EJERCITO CON BANDERAS a lo cual el Nuevo Testamento refiere como el Cuerpo de Cristo, y a todos los amantes y buscadores de la Verdad en todo lugar.

Jesús dijo, *Si vosotros permaneciereis en mi palabra, seréis verdaderamente mis discípulos; y conoceréis la verdad, y la verdad os hará libres.*

San Juan 8:31 & 32

CAPÍTULO UNO

¿Quién es Jesucristo?

Es la respuesta de ésta pregunta que hace válido el mensaje del hombre llamado Jesús. Es la identidad de éste hombre que da autoridad a sus palabras y enseñanzas. *No hay ningún hombre que haya hablado nunca como éste hombre.* Supongamos que Jesús era fraude, entonces la Cristiandad está reducida al mismo nivel de todas las enseñanzas religiosas del mundo y nosotros somos dejados en nuestro propio caminar, vagando por la vida sin ningún propósito y esperanza que no termina en la tumba. Jesús mismo hizo la pregunta: *¿Quién dicen los hombres que es el Hijo del Hombre? ¿Quién decís que Soy Yo?* Fue Pedro el pescador quien le dio la respuesta inspirada: *Tú eres el Cristo, el Hijo del Dios viviente.* Pedro no se dio cuenta que su respuesta fue una revelación directa de Dios. Mat. 16:13-17.

El hombre hecho de carne y sangre llamado Jesús fue concebido en el vientre de la virgen María por la sombra del poder del Altísimo y el Espíritu Santo. S. Lucas 1:35. Pero antes que viniera a éste mundo, Él fue conocido como El Verbo. También, como el Verbo de Dios. Apocalipsis 19:13. Fue éste Verbo que dijo a su Padre, mientras que entraba al mundo: *Sacrificio y ofrenda no quisiste; mas me preparaste cuerpo.* Hebreos 10:5. Este cuerpo en que el Verbo iba a habitar fue preparado en el vientre de la virgen María. El Evangelio de Juan nos da la descripción más completa de la identidad de Jesucristo. Lo siguiente son los primeros catorce versos del capítulo uno de San Juan.

En el principio era el Verbo, y el Verbo era con Dios, y el

1

Verbo era Dios. Este era en el principio con Dios. Todas las cosas por Él fueron hechas, y sin Él nada de lo que ha sido hecho, fue hecho. En Él estaba la vida, y la vida era la luz de los hombres. La luz en las tinieblas resplandece, y las tinieblas no prevalecieron contra ella. Hubo un hombre enviado de Dios, el cual se llamaba Juan. Este vino por testimonio, para que diese testimonio de la luz, a fin de que todos creyesen por él. No era él la luz, sino para que diese testimonio de la luz. Aquella luz verdadera, que alumbra a todo hombre, venía a éste mundo. En el mundo estaba, y el mundo por Él fue hecho; pero el mundo no le conoció. A lo suyo vino, y los suyos no le recibieron. Mas a todos los que le recibieron, a los que creen en Su nombre, les dio potestad (derecho legal) de ser hechos hijos de Dios; los cuales no son engendrados de sangre, ni de la voluntad de carne, ni de voluntad de varón, sino de Dios. Y Aquel Verbo fue hecho carne, y habitó entre nosotros (y vimos Su gloria como del Unigénito del Padre), lleno de gracia y de verdad.

Podemos ver de estos versos que el Verbo existía en el principio y que todo lo que hay fue hecho por Él. También, que éste Verbo entró al mundo, que Él mismo creó, y fue hecho carne como nosotros. *Así que, por cuanto los hijos participaron de carne y sangre, Él también participó de lo mismo, para destruir por medio de la muerte al que tenía el imperio de la muerte, esto es, al diablo, y librar a todos los que por el temor de la muerte estaban durante toda la vida sujetos a servidumbre.* Hebreos 2:14 & 15.

Hebreos 1:2 dice: *En estos postreros días (Dios) nos ha hablado por el Hijo, a quien constituyó heredero de todo, y por quien asimismo hizo el universo.* Colosenses 1:15-17 dice acerca de Jesucristo: *Él es la imagen del Dios invisible, el primogénito de toda creación. Porque en Él fueron creadas todas las cosas, las que hay en los cielos y las que hay en la tierra, visibles e invisibles;*

sean tronos, sean dominios, sean principados, sean potestades; todo fue creado por medio de Él y para Él. Y Él es antes de todas las cosas, y todas las cosas en Él subsisten.

Elizabet, la reina de Inglaterra, preguntó al reformador, Juan Knox, Los católicos dicen una cosa, y los reformadores dicen otra, ¿A quién debo creer? Siendo un siervo verdadero de Dios, Knox le respondió: No debes creer ni a los católicos ni a los reformadores. La Palabra de Dios habla claramente en si misma; esa es la que debes creer. Eso es lo que yo le digo acerca de la identidad del Señor Jesucristo. Los versos anteriores hablan claramente en si mismos. No requieren ninguna explicación, ciertamente ninguna interpretación; *Pero éstas se han escrito para que creáis que Jesús es el Cristo, el Hijo de Dios, y para que creyendo, tengáis vida en Su nombre.*

El propósito de éste estudio no es para dar detalles agotados acerca de la persona de Jesucristo, pero es suficiente para demostrar Su identidad. Hay muchas otras escrituras que se podrían citar. Tal vez tendría interés de escudriñar los dos ejemplos siguientes: 1. Juan 8:23-59. Hay que notar que Jesús se refiere como *Yo Soy* en verso veinte y cuatro, cuando está dando su respuesta a los fariseos: *Si no creen que Yo Soy, en vuestros pecados moriréis.* Esto es lo que dijo Jehová a Moisés a la zarza que quemaba. Repitió lo mismo a ellos en verso 58, cuando les dijo, *Antes que Abraham fuese, Yo Soy.* Fue pues, a este punto que tomaron piedras para tirarle. 2. Desafortunadamente para los que hablan el inglés, los traductores de las escrituras decidieron que el nombre de Dios era tan santo que no deben escribirlo. En su lugar escribieron la palabra SEÑOR. La Revisión de 1960 del español es muy fiel. Me gusta mucho ésta Biblia.

Esta versión es muy de acuerdo con el griego. Finalmente al punto de interés. Por medio de estudiar las profecías que llevan el nombre de Jehová, va a ver que algunas se cumplieron en la persona de Jesucristo. Por ejemplo lea Zacarías capítulo catorce. Es muy claro que cuando Zacarías dice que los pies de Jehová se afirmarán en aquel día sobre el monte de los Olivos, que está hablando de los pies de Jesús. Hechos 1:10-12.

OTRAS ESCRITURAS QUE NOS IDENTIFICAN LA PERSONA DE JESUCRISTO

ESCRITURAS DEL ANTIGUO TESTAMENTO:
Isaías 7:14 ---*He aquí que la virgen concebirá y dará a luz un hijo*---

Isaías 9:6 & 7 ---*un niño nos es nacido, hijo nos es dado, ...y se llamará Dios Fuerte, Padre Eterno, Príncipe de Paz*---.

Isaías 53 ------Haga el favor de leer el capítulo entero

Zacarías 14 ---Desde el primer verso hasta la novena

ESCRITURAS DEL NUEVO TESTAMENTO:
Mateo 1:18-23; Lucas 1:26-38--- Estos versos hablan de la concepción de Jesús

Mateo 16:27 ---*el Hijo del Hombre vendrá en la gloria de su Padre con sus ángeles*---

Juan 6:38 ---*he descendido del cielo*---. También **62**

Juan 17 ------ Por favor leer el capítulo entero

Tito 2:13 ---*nuestro gran Dios Y Salvador Jesucristo*

Hebreos 1; Apocalipsis 1---- El Capítulo entero

4

CAPÍTULO DOS

Cristo murió por nuestros pecados

Antes de hablar del remedio, debemos investigar el problema que requiere la curación. El problema humano más básico se nos introdujo a nosotros en el principio, aun en el huerto de Edén, el ambiente más perfecto que nunca ha existido. Fue allá en aquel contorno hermoso y tranquilo (esto pone el fin a la idea que el hombre es hecho corrupto por su ambiente) que el primer hombre, Adán, se corrompió.

Dios le había dicho al hombre que de todo árbol del huerto podrás comer, sino del árbol de la ciencia del bien y del mal no comerás; porque el día que de él comieres, ciertamente morirás. Favor de leer el capítulo tres de Génesis para ver exactamente lo que aconteció. Se puede entender de estos versos como el diablo, Satanás, en forma de una serpiente engañó a la mujer, y por medio de la mujer persuadió al hombre que comiera del árbol prohibido. Así por éste medio, se rindió al pecado y a la muerte toda la humanidad en Adán.

Desde que Adán no había engendrado hijos antes de su acto de desobediencia, todos los que iban a nacer en el mundo estaban en él todavía. Así la desobediencia de él cayó sobre todos los que estaban en él. Romanos 5:19 dice: *Porque así como por la desobediencia de un hombre los muchos fueron constituidos pecadores,...* Esto es decir que no solamente Adán, sino todo el mundo llevaba la constitución (naturaleza) del pecador. Esta naturaleza era una característica intrínseca y permanente. El hombre ya se había convertido en algo diferente de lo que hizo Dios. Ninguno que provino de Adán podría escapar de éste cambio.

El pecado no era el problema único que confrontaba al hombre. Como consecuencia del pecado entró la muerte. Romanos 5:12. Era necesario pues, que el medio de sanar a la humanidad del problema de pecado sea tan completo, que pueda justificar al hombre de la muerte además del pecado. En otras palabras, para justificar que el hombre viva por siempre. La enseñanza que sigue es el método que Dios empleó para alcanzarlo. No hay otro camino.

Es menester que nosotros comprendamos que la salvación que Dios nos proveyó fue un acontecimiento legal. Por eso hay muchas palabras legales de la clase que se usan en el juzgado que están empleadas en la Biblia para describir la condición y salvación del hombre. Por ejemplo: la ley, la culpa, confesión, la sentencia de muerte, condenado, condenación, juicio, justificación, justo y aun misericordia. La Biblia nos instruye que *justicia y juicio son el cimiento de Su trono; misericordia y verdad van delante de su rostro.* Salmos 89:14. Esto nos enseña para que la misericordia no sea llamada licencia, debe originarse de un cimiento de justicia y juicio. Asimismo, para que la justicia sea real, debe estar ligada a la verdad. Cuando hay hechos que no están permitidos en el juzgado durante de la prosecución de un criminal por causa de una tecnicalidad, entonces la justicia sufre la pérdida. *El juicio se retiró, y la justicia se puso lejos; porque la verdad tropezó en la plaza, y la equidad no pudo entrar. La verdad fue detenida, y el que se apartó del mal fue puesto en prisión; y lo vio Jehová, y desagradó a sus ojos, porque pereció el derecho.* Isaías 59:14-15. Siendo justo, Dios solamente podría resolver el problema de la humanidad por un medio justo.

La salvación de la humanidad no fue el resultado de un impulso repentino y emocional de un fanático religioso, que pensaba que sería una gran idea de ofrecerse en sacrificio para curar el problema del hombre por éste medio. En el evangelio de San Juan, capítulo 17 verso 5, Jesús nos asombra cuando dijo, *Ahora pues, Padre, glorifícame tú al lado tuyo, con aquella gloria que tuve contigo antes que el mundo fuese.* Antes, yo pensaba que aquel Verbo, que era con Dios y era Dios, entregó su gloria al tiempo de entrar al mundo para vestirse con nuestra humanidad, pero vemos de éste verso que Él entregó su gloria antes de la creación del mundo; hace mucho tiempo antes de que usted y yo lleguemos en la escena. En otras palabras, Dios conoció desde el principio cuanto le iba a costar para alcanzar Su sueño y propósito último en crear al hombre. El precio de nuestra redención no fue una solución de un parpadeo de ojos. Recuerde que Jesús era *el cordero que fue inmolado desde el principio del mundo.*

Hemos notado el aspecto legal de nuestra salvación para facilitar su entendimiento de la razón por la cual Dios tuvo que entregar a Su Hijo para morir por nuestros pecados. Lo hizo así, para que Él se quedara justo, mientras que justificó al impío que es de la fe de Jesús. Romanos 3:21-26.

Dios había dicho hace mucho tiempo por un profeta que, *el alma que peca, morirá.* Es imposible que una persona, cargada con sus pecados y cautivo de Satanás, muera redentivamente y vicariamente por si mismo o cualquier otro. Es semejante a dos personas que se hunden en el lodo, no podrían sacar el uno al otro a la tierra firme, sino requiere uno que esté libre en la tierra firme y no hundida en el lodo. El pensar que nosotros podríamos redimirnos a nosotros mismos por medio de obras buenas, revela nuestra ignorancia de la severidad de nuestro problema.

Una de las mentiras del diablo que se ha plantado firmemente en el pensamiento de la sociedad, es que básicamente el hombre es bueno. La verdad es que el hombre es básicamente malo. Él solamente es restringido por medio de un consenso de cultura entre la población de un nivel de moralidad, de una conciencia que tema a Dios, o temor de la ley y su castigo. La Biblia nos dice que *el juez no lleva la espada de balde.* Pero en el día de hoy, la mayoría de los jueces han echado fuera la espada. El resulto es: *Por cuanto no se ejecuta luego sentencia sobre la mala obra, el corazón de los hijos de los hombres está en ellos dispuesto para hacer el mal.* Además Satanás está allí para darle empujón. Efesios 2:2.

Que una sociedad no ejecuta a los criminales no es evidencia que tal sociedad ha alcanzado que sea sofisticada y sabia, más bien decir que es la prueba de su decadencia moral. Consecuentemente le falta el valor moral suficiente para tratar con sus criminales justamente. Lo que acompaña tal falta de valor moral es la pérdida del entendimiento del concepto de justicia, juicio, y misericordia verdadera y compasión. Tal sociedad se encontrará pronto sobrecargada de toda clase de maldad. La violencia, crueldad y trasgresión de la ley aumentarán hasta que el resto de los que guardan la ley vivirán en temor de su vida. Cuando la influencia de Satanás sobre una sociedad ha logrado un nivel alto, siempre se manifiesta por medio de toda clase de perversión sexual, la idolatría abierta y acompañada de sacrificios humanos, especialmente de bebés. Lea Levítico capítulo dieciocho. Satanás se regocija mucho en ver que los humanos maten a otros humanos.

Uno pensaría que sería obvio a la gente de tal sociedad que sería necesario recibir ayuda de afuera, y que no hubiera cualquier esfuerzo propio que podría sacarla de su estado perdido y sin esperanza, pero eso no es el caso. Aparte de la gracia y Espíritu de Dios y la enseñanza correcta de las Santas Escrituras, el entendimiento de la gente quedará cegado a su condición verdadera y su último y trágico fin. La Biblia nos dice claramente que Satanás, quien es el *dios de éste siglo cegó el entendimiento de los incrédulos, para que no les resplandezca la luz del evangelio de la gloria de Cristo, el cual es la imagen de Dios.* II Corintios 4:4. Ellos son completamente ignorantes del hecho de que mientras que ellos están *sin Cristo están alejados de la ciudadanía de Israel y ajenos a los pactos de la promesa, sin esperanza y sin Dios en el mundo.* No solamente en ésta vida presente, sino también en la venidera.

Afortunadamente para nosotros la enseñanza de evolución no es verdad y Dios no nos ha abandonado. *Porque de tal manera amó Dios al mundo, que ha dado a su Hijo unigénito, para que todo aquel que en Él cree, no se pierda, mas tenga vida eterna.* San Juan 3:16. *Palabra fiel y digna de ser recibida por todos: que Cristo Jesús vino al mundo para salvar a los pecadores, de los cuales yo soy el primero.* I Timoteo 1:15. *En ningún otro hay salvación; porque no hay otro nombre bajo el cielo, dado a los hombres, en que podamos ser salvos.* Hechos 4:12. *Porque hay un solo Dios, y un solo mediador entre Dios y los hombres, Jesucristo hombre.* I Timoteo 2:5. *Porque también Cristo padeció una sola vez por los pecados, el justo por los injustos, para llevarnos a Dios---*. I Pedro 3:18. *Quien llevó él mismo nuestros pecados en su cuerpo sobre el madero.* I Pedro 2:24. Jesús dijo de si mismo, *Yo soy el camino, y la verdad, y la vida; nadie viene al Padre, sino por mí.* San Juan 14:6. *---y el que a mí viene, no le hecho fuera.* San Juan 6:37.

¿Ha venido usted a Él? Si no, pues la Biblia le dice, *En tiempo aceptable te he oído, y en día de salvación te he socorrido. He aquí **ahora** el tiempo aceptable; he aquí **ahora** el día de salvación.* II Corintios 6:2. No escuche las mentiras del diablo. El hará su mejor esfuerzo para impedirle de reconocer que Jesús ya ha pagado el precio de ser aceptado de Dios. Si usted cree que Jesús es el Hijo de Dios, que murió por usted, y que su Padre le levantó de los muertos, pues, déle gracias porque será salvo. Invítelo a que viva en usted y dile a alguien lo que ha hecho de recibir a Jesús. Romanos 10:9, 10 y 13.

Ahora vamos a investigar en más detalles ésta salvación tan grande. En el Antiguo Testamento Dios dio a Moisés instrucciones acerca del ofrecer sacrificios por los pecados. Por favor leer capítulo uno hasta capítulo dieciséis de Levítico en el Antiguo Testamento. El Nuevo Testamento revela que estas ofrendas, el tabernáculo, sus muebles, utensilios y todas las cosas que pertenecían a él eran sombras, figuras y tipos de las realidades espirituales que se realizaron en el sacrificio del Señor Jesucristo. Hebreos 10:1, 3,4,5,11-14 y 19. *Porque la ley, teniendo la sombra de los bienes venideros, no la imagen misma de las cosas, nunca puede, por los mismos sacrificios que se ofrecen continuamente cada año, hacer perfectos a los que se acercan. ---Pero en estos sacrificios cada año se hace memoria de los pecados; porque la sangre de los toros y de los machos cabríos no puede quitar los pecados. Por lo cual, entrando (El Verbo que fue hecho carne) en el mundo dice: Sacrificio y ofrenda no quisiste; Mas me preparaste cuerpo* (para sacrificio por los pecados). *---Y ciertamente todo sacerdote está día tras día ministrando y ofreciendo muchas veces los mismos sacrificios, que nunca pueden quitar los pecados;* (Este incluye el ofrecer todos los días de la misa por los sacerdotes católicos) *pero Cristo, habiendo ofrecido **una vez** **para siempre un solo sacrificio** por los pecados, se ha sentado a la diestra de Dios, de ahí en adelante esperando hasta que sus enemigos sean puestos por estrado de sus pies; porque con una sola ofrenda hizo perfectos para siempre a los santificados. Vs. 10. Y somos santificados mediante la ofrenda del cuerpo de Jesucristo hecha **una vez** para siempre. Así que, hermanos, teniendo libertad para entrar en el Lugar Santísimo por la sangre de Jesucristo, por el camino nuevo y vivo que él nos abrió a través del velo, esto es, de su carne, y teniendo un gran sacerdote sobre la casa de Dios, acerquémonos con corazón sincero, en plena certidumbre de fe, purificados los corazones de mala conciencia, y lavados los cuerpos con agua pura.*

Nota: El uso de la expresión, La ley, es referencia a los primeros cinco libros del Antiguo Testamento, Y no solamente a los mandamientos y reglas.

Mientras que esté leyendo Levítico, va a ver que la persona quien ha pecado está obligada a identificarse con el animal, que será sacrificado en su lugar, por medio de poner las manos sobre la cabeza del animal. El culpable, también, tenía que matar el animal, fuera sacerdote o persona común. Lev. 4:3, 4, 27-29. Por medio del acto de poner las manos sobre el animal vivo, la persona que había pecado estaba transfiriendo sus pecados al animal. Sin embargo, Cristo, nuestro sacrificio, fue cargado con todos nuestros pecados por medio de Dios Padre en vez de nosotros. Lea todo el capítulo 53 de Isaías. Note especialmente la última parte de verso seis, ---*mas Jehová cargó en Él el pecado de todos nosotros.* También verso once, ---*justificará mi siervo justo a muchos, y llevará las iniquidades de ellos.* Y verso doce, ---*por cuanto derramó su vida hasta la muerte, y fue contado con los pecadores, habiendo Él llevado el pecado de muchos, y orado por los transgresores.* Y Hebreos 9:28, ---*así también Cristo fue ofrecido una sola vez para llevar los pecados de muchos; y aparecerá por segunda vez, sin relación con el pecado, para salvar a los que le esperan.*

Otra cosa importante que debemos notar en Levítico es la aplicación de la sangre de la ofrenda de pecado sobre los cuernos del altar. Aunque hay varias ofrendas con propósitos diferentes, solamente la sangre de la ofrenda de pecado está puesta sobre los cuernos. Los cuernos de las cuatro esquinas del altar representan la autoridad del gobierno con su derecho y responsabilidad para ejecutar a los criminales. Hay un buen ejemplo que se encuentra en Levítico 16-18. Ya podemos entender la habilidad de Cristo a pasar por y escapar de los que querían matarlo. Recuerde que la muerte no tenía ningún derecho legal para tocar a éste hombre que nació libre del pecado que todos nosotros hemos heredado de nuestro padre, Adán. Jesús nos hizo entender que ninguno podría darle la muerte a menos que Él lo permitiera. *Por eso me ama el Padre, porque yo pongo mi vida, para volverla a tomar. Nadie me la quita, sino que yo de mí mismo la pongo. Tengo poder para ponerla, y tengo poder para volverla a tomar. Este mandamiento recibí de mi Padre.* Juan 10:17 & 18.

El solamente dejaría que los gobiernos de los judíos y de los gentiles le quitasen la vida. Hechos 4:25-28. El gobierno de Roma fue la autoridad representativa por los demás del mundo gentil. Consecuentemente, los judíos que eran el pueblo del Pacto con Dios, y todos los pueblos del mundo que no tenían ningún pacto con Dios participaron en dándole la muerte. Así, ---*para que por la gracia de Dios gustase la muerte **por todos**. Y ---es el Salvador de **todos** los hombres, mayormente de los* *que creen.* Fue como si todos nosotros habíamos puesto la mano sobre la cabeza de Él para transferir nuestros pecados a Él al momento de darle el golpe de muerte.

Levítico 16:6 nos dice que Aarón tuvo que ofrecer un *becerro de la expiación que es suyo, y hará la reconciliación por sí y por su casa* antes de ofrecer sacrificio por el pueblo. Entonces mató un macho cabrío por la gente. La sangre de los dos animales fue esparcida sobre el propiciatorio y delante del propiciatorio siete veces. Versos 14-15. La sangre sobre el propiciatorio es la evidencia que el juicio había sido ejecutado y la demanda de justicia (la muerte del culpable) fue satisfecha. Es la sangre que deja que Dios demuestre misericordia al pueblo y relacionarse con ellos sin que Satanás pueda acusarle de ser participante con el pueblo en su pecado. Gálatas 2:17; Romanos 3:25 y 26. Vea Levítico 16:8-9.

Hace cuarenta años, cuando fuimos nacidos de nuevo, oímos una expresión de los más ancianos de la fe, que no entendíamos ni oíamos explicación. Ellos decían, tienes que estar sobre la tierra redimida. Teniendo el tiempo para estudiar la Biblia, me gustaría hacerle una sugerencia. Lo que yo sospecho es que la sangre rociada sobre el propiciatorio (la silla de misericordia) es más por Dios que el hombre, y la sangre rociada sobre la tierra en frente del propiciatorio es más por el hombre que por Dios. Es la sangre sobre el propiciatorio la que guarda la gracia y misericordia de la acusación que son nada más que licencia. La sangre rociada en frente del propiciatorio nos provee un lugar seguro y redimido para estar en la presencia de Dios. Toda la tierra sin sangre debemos abandonar. La tierra sin sangre es el camino de obras. La tierra rociada de sangre es el camino de gracia. Es la sangre que permite que Dios justifique al impío y permanezca justo. Romanos 3:26. Vea nota página 20.

El camino de obras está ligado a auto justicia. Una justicia que asume falsamente que es suficiente buena para estar aceptada de Dios. Tan tarde se descubre que su auto justicia está rechazada de Dios. Sin embargo, la persona que abandona el pensamiento que ha hecho obras que merecen estar reconocidas y aceptadas de Dios, y se le acerca a Dios por el mérito de la sangre de Cristo únicamente, se dará cuenta de ser el recipiente gozoso de la gracia y bondad de Dios.

Por favor leer el capítulo cuatro de Romanos.

Si Abraham fue justificado por las obras, tiene de qué gloriarse, pero no para con Dios. Porque ¿qué dice la Escritura? Creyó Abraham a Dios, y le fue contado por justicia. Pero al que obra, no se le cuenta el salario como gracia, sino como deuda; mas al que no obra, sino cree en aquel que justifica al impío, su fe le es contada por justicia. Vs. 16: Por tanto, es por fe, para que sea por gracia; vs. 23: y no solamente con respecto a él se escribió que le fue contada, sino también con respecto a nosotros a quienes ha de ser contada, esto es, a los que creemos en el que levantó de los muertos a Jesús, Señor nuestro.

Antes de salir de éste tema, me parece necesario hacer comentario acerca de la comunión. Vamos a leer de la Epístola de Pablo a la iglesia de Dios en la ciudad de Corinto. I Corintios 11:23-26. *Porque yo recibí del Señor lo que también os he enseñado: Que el Señor Jesús, la noche que fue entregado, tomó pan; y habiendo dado gracias, lo partió, y dijo: Tomad, comed; esto es mi cuerpo, que por vosotros es partido; haced esto en memoria de mí. Asimismo tomó también la copa, después de haber cenado, diciendo: Esta copa es el nuevo pacto en mi sangre; haced esto todas las veces que la bebiereis, en me-*

moria de mí. Así, pues, todas las veces que comiereis éste pan, y bebiereis ésta copa, la muerte del Señor anunciáis hasta que él venga.

El apóstol Pablo nos está explicando que el Señor Jesús instituyó la comunión para que nosotros tuviéramos un símbolo para recordarnos de su muerte. No solamente su muerte, sino la significación de su muerte. Que es decir, lo que fue efectuado por nosotros mediante su muerte; y ¿qué fue eso? Bueno, desde que estamos hablando del primer punto del evangelio vamos a limitar los comentarios a eso. Yo pienso que la epístola a los Hebreos más o menos lo expresa todo.

Hebreos 9:24-28

Porque no entró Cristo en el santuario hecho de mano, figura del verdadero, sino en el cielo mismo para presentarse ahora por nosotros ante Dios; y no para ofrecerse muchas veces, como entra el sumo sacerdote en el Lugar Santísimo cada año con sangre ajena. De otra manera le hubiera sido necesario padecer muchas veces desde el principio del mundo; pero ahora, en la consumación de los siglos, se presentó una vez para siempre por el sacrificio de sí mismo para quitar de en medio el pecado. -----así también Cristo fue ofrecido una sola vez para llevar los pecados de muchos; y aparecerá por segunda vez, sin relación con el pecado, para salvar a los que le esperan.

Ahora no hay necesidad ninguna que Cristo o cualquier otro sea sacrificado de nuevo por los pecados de alguien. La ofrenda de sí mismo fue suficiente para quitar todos los pecados, sean del pasado, el presente, o del futuro. *Ciertamente todo sacerdote está día tras día mini-*

strando y ofreciendo muchas veces los mismos sacrificios, que nunca pueden quitar los pecados; pero Cristo, habiendo ofrecido una vez para siempre un solo sacrificio por los pecados, se ha sentado a la diestra de Dios. Hebreos 10:11 y 12; Lea también I Juan 2:2; y el evangelio de Juan 17:4 y 19:30.

El punto es que el acto de tomar comunión es para recordarnos que Dios ya proveyó el único remedio por nuestros pecados. Para que nosotros no hagamos el error de intentar calmar la conciencia (Hebreos 9:14), cuando pecamos como Cristianos, por hacer buenas obras en vez de confiar en la sangre de Cristo, las manchas de la cual todavía están sobre el propiciatorio que está en los cielos. *Si andamos en luz, como Él está en luz, tenemos comunión unos con otros, y la sangre de Jesucristo su Hijo nos limpia de todo pecado.* I Juan 1:7.

Uno de los problemas muy común entre los cristianos es la necesidad de sentirse que está perdonado. El apóstol Juan nos explica en su primera epístola que, *Él que cree en el Hijo de Dios, tiene el testimonio en sí mismo;* En otras palabras, Dios requiere que creamos Su palabra primero, sin sentimientos; y que no esperemos algún sentimiento o testigo que resida en nosotros como prerrequisito para creer en Él.

El diablo hará su mejor esfuerzo para mantenernos en culpabilidad. Si fallamos a creer deliberadamente para perdón que es por la sangre de Cristo, pues, estamos susceptibles de estar manejados por medio de la consciencia haciéndonos producir obras muertas. Obras muertas son buenas obras hechas de incredulidad para aliviar el sentimiento de culpa. Faltando el conocimiento y entendimiento de lo que nos está pasando, muchas veces los demonios nos castigarán y nosotros mismos lo haremos también, regularmente en la forma de dolor mental, o rehusaremos confesar el pecado, y esto nos lleva hasta las tinieblas espirituales. *...andad entre tanto que tenéis luz, para que no os sorprendan las tinieblas; porque el que anda en tinieblas, no sabe a dónde va.* Es absolutamente esencial que andemos en la luz. Que quiere decir, que es necesario andar honestamente, confesando la verdad a Dios acerca de lo que está pasando dentro de nosotros. Mientras que Satanás pueda mantenernos en la incredulidad o en las tinieblas, por tanto tiempo puede tapar nuestra boca de hablar de la gracia de Dios que hay en Cristo Jesús.

Algunas veces los que no conocen a Dios ocasionarán castigos físicos en el cuerpo. Por ejemplo, en las Filipinas en el tiempo de la pascua hay alguien que se ofrecerá para ser crucificado. Clavado a una cruz. Él está queriendo sufrir las agonías de la cruz, esperando que sus sufrimientos le vayan a ganar el favor de Dios. Aunque padezca muchos dolores, los dolores le serán el único premio. Si era posible que el mereciera el perdón de Dios por éste medio, pues, Cristo murió de balde. El filipino sería como el ladrón y salteador que buscaba entrar por otra parte en vez de entrar por la puerta. Juan 10:1. Jesús dijo de si mismo, *Yo soy la puerta; el que por mí entrare, será salvo---.*

Un día entré a una catedral católica en el pueblo que se llama Chichicastenango en las montañas de Guatemala. Cerca de la entrada del pasillo había una indígena que estaba rociando el piso con los pétalos de rosas. Entonces ella encendió unas candelas que pegó al piso entre los pétalos. Después de esto, roció el pasillo hasta el altar con los pétalos. Me senté en el tercer banco a la derecha del pasillo. Otra familia indígena entró y se sentó al lado izquierdo en la cuarta banca. Cuando miré para ver quien entraba, yo vi a la mujer primera arrastranda hacia el altar. Su expresión era sufrida y muy

17

ansiosa. Cuando ella alcanzó el altar, me levanté y fui al lado del padre de la familia sentada al lado izquierdo.

Le pregunté si la mujer que iba de rodillas al altar lo hizo para ganar el favor y perdón de Dios. Me respondió, Si. Entonces le pregunté si sabía lo que la Palabra de Dios dice acerca de esto. Me dijo que no sabía. Entonces le cité hebreos 10:12: *Cristo, habiendo ofrecido una vez para siempre un solo sacrificio por los pecados, se ha sentado a la diestra de Dios.* Siguiendo éste verso le cité Hebreos 10:18 *Pues donde hay remisión de estos, no hay más ofrenda por el pecado.* Le expliqué que no era necesario que la mujer se castigara de esa manera, porque Cristo ya había sido castigado en su lugar. Consecuentemente Dios no reconocería cualquier otro sacrificio u ofrenda por los pecados.

Amigo, es igual para con nosotros. Podemos agonizar y aguantar muchos sufrimientos, pero no es posible que ningún sufrimiento personal nos gane la bendición de Dios, ni su misericordia, ni el perdón de los pecados. En vez de esto, seguiremos en el sufrir hasta que en nuestra desesperación abandonaremos la esperanza en nosotros mismos y acercándonos a Dios y poniendo nuestra confianza en la sangre de Jesucristo, nos consideremos perdonados y aceptados.

Solamente la sangre de Jesucristo puede calmar la conciencia y darnos paz. Si seguimos sufriendo con los sentimientos de culpabilidad, eso nos revela que es necesario darle muerte a la auto-compasión y el amor de nosotros mismos de donde la auto-compasión nace. El auto-amor se manifestará también en haciéndonos estar demasiados ocupados en nosotros mismos. Es necesario siempre poner los ojos en Jesús. Si estamos abiertos a Él, entonces el Espíritu Santo nos podrá revelar cualquier pecado que debemos confesar para recibir el perdón. Lo maravilloso acerca de tal actividad del Espíritu Santo es que no nos cargará de condenación. Eso pertenece al diablo.

Recuerde, amado, que el Hijo de Dios no vino al mundo para condenarnos, sino, para salvarnos. Él, que murió para justificarnos de nuestros pecados, ahora no va a condenarnos o destruirnos a causa de los mismos pecados por lo cual Él murió. Es el diablo que se encarga de acusarnos, echando condenación sobre nosotros y cargándonos de un sentimiento vago de culpa. El Espíritu Santo, sin embargo, pondrá con claridad nuestra atención en algún pecado. No tendremos que adivinar, sino con entendimiento podremos identificar y confesar el pecado por nombre y recibir el perdón por la fe. Vea la nota en página 21.

Amados míos, éstas cosas os escribo para que no pequéis; y si alguno hubiere pecado, abogado tenemos para con el Padre, a Jesucristo el justo. Él es la propiciación por nuestros pecados; y no solamente por los nuestros, sino también por los de todo el mundo. Por lo tanto, si confesamos nuestros pecados, Él es fiel y justo para perdonar nuestros pecados, y limpiarnos de toda maldad." Primera Juan 2:1,2-1:9.

Me doy cuenta que hay veces cuando nuestros pecados nos parecen ser tan numerosos para aun comenzar a tratar con ellos, menos identificarlos y confesarlos. En esos momentos es cierto que el diablo está involucrado en un esfuerzo para desanimarnos y robarnos de nuestra fe. Él nos dirá que nuestra esperanza en Cristo se acabó. ¿Por qué no se rinden? Aun Dios te ha desamparado y te ha abandonado. Este es el campo de la batalla de fe. Este es el lugar principal de la guerra contra los poderes de las tinieblas que quieren trastornar nuestra fe y desviarnos del camino de Dios. Pero en tales tiempos Dios nos dice, *Yo deshice como una nube tus rebeliones, y como niebla tus pecados; vuélvete a mí, porque yo te redimí.* Isaías 44:22. *---Mi siervo eres tú; te escogí, y no te deseché.* Isaías 41:9. Y entonces habla a nuestro corazón diciendo, LEVÁNTATE, PELEA LA BUENA BATALLA DE LA FE, ECHA MANO DE LA VIDA ETERNA, A LA CUAL ASIMISMO FUISTE LLAMADO, HABIENDO HECHO LA BUENA PROFESIÓN DELANTE DE MUCHOS TESTIGOS, Y NO ACEPTES DERROTA; PORQUE YO ESTOY CONTIGO; NO DESMAYES, PORQUE YO SOY TU DIOS QUE TE ESFUERZO; SIEMPRE TE AYUDARÉ, SIEMPRE TE SUSTENTARÉ CON LA DIESTRA DE MI JUSTICIA.

Nota: Un evangelista visitó nuestra iglesia y predicó y enseñó día y noche por una semana. En la mañana del último día anunció que iba a enseñar de I Juan 1:9 en el servicio por la noche. Yo tenía mucho interés de oír lo que iba a decir acerca de Dios siendo justo, no solamente fiel, en perdonarnos nuestros pecados. Unos diez años antes, Dios me había enseñado esto. El evangelista no dijo nada de ello. El día siguiente en mí trabajo y pensando en éste asunto, de repente el Espíritu Santo me llevó en el espíritu hasta el trono de Dios. Allí me colocó en el lado derecho de Dios y poco atrás. Estaba nublado alrededor de nosotros. Luego oí alguien que se nos acercaba de abajo que hablaba. Saliendo del banco de nieblas era Satanás. El andaba con determinación y propósito. Alcanzando el trono, dijo a Dios, ¿Viste eso? ¿Has visto lo que hizo aquel hombre? apuntando el dedo hacia abajo. El dice que pertenece a TI. Entonces dijo Satanás, Yo quiero justicia. No, yo demando justicia. Dios le respondió, si es justicia la que quieres, te voy a enseñar justicia. Y haciendo señas con la mano izquierda, apareció un ángel como veinte pies al lado izquierdo del trono y hacía señas que el diablo viniera y viera. El diablo se le acercó al ángel y el ángel apuntó con el dedo hacia algo entre él y el trono y poco atrás. El diablo aparecía muy seguro de sí hasta que miró a lo que el ángel le apuntaba. De repente levantó su capa para cubrir los ojos. Y se retrocedía para atrás y se hizo pequeño y desapareció en la forma de un vapor. ¿Qué era lo que el diablo vio? Era el propiciatorio con las manchas de la sangre preciosa de Jesús.

Nota: Para estar sensitivo al Espíritu Santo nos requiere que seamos activamente y concientemente andando con Dios del corazón. Hay que tener el ojo de nuestro hombre interior fijo en el Señor. Para la persona que está viviendo por la fe, ésta práctica será natural sin mucho esfuerzo. Sin duda serán momentos cuando los eventos del presente demandan toda la atención, sin embargo, aún en tales momentos la conexión por medio del Espíritu Santo se queda intacta.

CAPITULO TRES

El fue sepultado

Como yo, probablemente usted ha oído muchos sermones o mensajes acerca de la muerte de Cristo y su resurrección. Pero, ¿cuántas veces ha oído un mensaje o enseñanza acerca de la sepultura de Cristo? De mi parte, tengo que confesarle que no recuerdo nunca haber oído tal mensaje de ninguno. El hecho es que esto es la primera vez que yo he escrito algo dedicado completamente a éste tema. Que el Señor me dé las palabras y expresiones necesarias para comunicarle fielmente éste aspecto segundo del evangelio.

Nos que hemos muerto al pecado, ¿cómo viviremos aún en él? ¿O no sabéis que todos los que hemos sido bautizados en Cristo Jesús, hemos sido bautizados en su muerte? Porque somos sepultados juntamente con él para muerte por el bautismo--. Cuando una persona es bautizada eso no es para significar dándole la muerte. Más bien es para sepultar lo que ya está muerto. ¿Cuándo y cómo ocurrió eso? Cuando el apóstol Pablo estaba dando a Pedro una lección acerca del evangelio, le dijo, *Con Cristo fui juntamente crucificado.* Estando crucificado con Cristo no fue algo especial para Pablo solo. No era algo que Pablo había alcanzado a causa de su oficio como apóstol de Jesucristo. De tal manera morimos todos nosotros. No nos es dejado que nosotros lo hagamos. Ya está hecho.

¿Qué hacemos a la persona que ha muerto? **La sepultamos.** Eso es lo que estamos diciendo cuando estamos bautizados. Estamos diciendo que yo he muerto a todo lo que yo era en Adán y lo demuestro por estar

sepultado afuera de la vista bajo el agua del bautismo.
Que fácil es ver que la idea de estar sepultado se les
perdió a los que solamente rocía o derrama un poco agua
sobre la cabeza. El sacerdote católico mete su dedo en
una olla de agua y hace la marca de una cruz en la frente.
Eso apenas nos da ilustración de la sepultura de alguien
que ha muerto. En el griego, la palabra traducida
bautismo, quiere decir sumergir o sepultar.

Cuando alguien muere y está sepultado, hay finalidad
acerca de ello. Ya está terminado. El que murió y estuvo
sepultado no va a regresar. Si usted es como yo, pues, no
tenía buen entendimiento de toda la significación de
estar sumergido bajo el agua cuando estuvo bautizado.
Sin embargo, continuando en las escrituras y siguiendo
al Señor por la fe, nuestro conocimiento y entendimiento
se va aumentando.

Colosenses 2:11 describe una de las cosas que Dios
realizó en nosotros por medio de la crucifixión de Cristo.
*En Él también fuisteis circuncidados con circuncisión no
hecha a mano, al echar de vosotros el cuerpo
pecaminoso carnal, en la circuncisión de Cristo.* Esto no
es referencia a la circuncisión que recibió en el templo
teniendo ocho días de edad. Esto es refiriendo a su
muerte, cuando *fue cortado de la tierra de los vivientes.*
Isaías 53:8. Entonces fue cortado por todos nosotros.
Verso nueve dice en parte, *y se dispuso con los impíos su
sepultura.* No había ningún otro en la tumba con Él.
¿Quiénes, pues, son *los impíos?* **Estos impíos, somos
nosotros.** Entonces Pablo nos dice en Colosenses 2:12 -
fuisteis---sepultados con él en el bautismo-.

Hay un rito del Antiguo Testamento que es un tipo o
sombra de la combinación de Su muerte y sepultura.
Ahora vamos a leer de Levítico capítulo 16 comenzando
con verso cinco. *Y de la congregación de los hijos de*

Israel tomará dos machos cabríos para expiación. Hay que notar que los dos constituyen una ofrenda sola por el pecado. *Verso siete: Después tomará los dos machos cabríos y los presentará delante de Jehová, a la puerta del tabernáculo de reunión. Y echará suertes Aarón sobre los dos machos cabríos; una suerte por Jehová, y otra suerte por Azazel. Y hará traer Aarón el macho cabrío sobre el cual cayere la suerte por Jehová, y lo ofrecerá en expiación. Mas el macho cabrío sobre el cual cayere la suerte por Azazel, lo presentará vivo delante de Jehová para hacer la reconciliación sobre él, para enviarlo a Azazel al desierto.*

Verso quince: *Después degollará el macho cabrío en expiación por el pecado del pueblo, y llevará la sangre detrás del velo adentro, y hará de la sangre como hizo con la sangre del becerro, y la esparcirá sobre el propiciatorio y delante del propiciatorio.*

Verso veinte hasta veinte y dos: *Cuando hubiere acabado de expiar el santuario y el tabernáculo de reunión y el altar, hará traer el macho cabrío vivo; y pondrá Aarón sus dos manos sobre la cabeza del macho cabrío vivo, y confesará sobre él todas las iniquidades de los hijos de Israel, todas sus rebeliones y todos sus pecados, poniéndolos así sobre la cabeza del macho cabrío, y lo enviará al desierto por mano de un hombre destinado para esto. Y aquel macho cabrío llevará sobre sí todas las iniquidades de ellos a tierra inhabitada; y dejará ir el macho cabrío por el desierto.*

I Pedro 2:24 nos dice que Jesús *llevó Él mismo nuestros pecados en Su cuerpo sobre el madero---; y* 3:18 -- *Cristo padeció una sola vez por los pecados, el justo por los injustos, para llevarnos a Dios, siendo a la verdad muerto en la carne, pero vivificado en espíritu.* Quiero sugerirle que el primer macho cabrío que fue expiación, *de quien la sangre fue llevada al lugar santísimo y esparcida sobre el propiciatorio y delante el propiciatorio era figura de Cristo cuando sufrió la muerte de expiación. Por favor de leer de nuevo Levítico 16:15.*

De la misma manera que la sangre del macho cabrío fue llevada adentro el lugar santísimo en el tabernáculo de Moisés, así Cristo mismo llevó su propia sangre adentro del Lugar Santísimo que está en el tabernáculo verdadero que está en los cielos. Y entrando Cristo, Él también esparció su sangre sobre el propiciatorio siete veces y delante del propiciatorio siete veces.

Antes de continuar, haga el favor de leer Hebreos 6:13 hasta 10:23.

Hebreos 9:11: *Pero estando ya presente Cristo, sumo sacerdote de los bienes venideros, por el más amplio y más perfecto tabernáculo, no hecho de manos, es decir, no de ésta creación, y no por sangre de machos cabríos ni de becerros, sino por su propia sangre, entró una vez para siempre en el Lugar Santísimo, habiendo obtenido eterna redención.*

Hebreos 9:24: *Porque no entró Cristo en el santuario hecho de mano, figura del verdadero, sino en el cielo mismo para presentarse ahora por nosotros ante Dios.*

Ahora quiero decirle que el macho cabrío segundo, sobre el cual cayó la suerte por Azazel es una figura de la sepultura de Cristo. Todos los pecados de los hijos de Israel fueron puestos sobre la cabeza del Azazel por el sacerdote poniendo las dos manos sobre su cabeza y confesando sobre él todos los pecados del pueblo. Levítico 16:22: *Y aquel macho cabrío llevará sobre sí todas las iniquidades de ellos a tierra inhabitada; y dejará ir el macho cabrío por el desierto.*

La expresión *a tierra inhabitada,* en el hebreo literalmente quiere decir un lugar más bajo, el mundo más bajo o lugar de los muertos. También está usada para describir el abismo. En el caso del macho cabrío dejado en la tierra inhabitada, él no iba a regresar nunca, ni los pecados que fueron puestos sobre él. Ellos se fueron por siempre. En el caso del Señor Jesús, Él no solamente llevó nuestros pecados a la cruz en su cuerpo, mas los llevó con Él a la tumba y allí los dejó. *Cuanto está lejos el oriente del occidente, hizo alejar de nosotros nuestras rebeliones.* Salmos 103:12. *El volverá a tener misericordia de nosotros; sepultará iniquidades, y echará en lo profundo del mar todos nuestros pecados.* Miqueas 7:19.

La muerte, la sepultura, y la resurrección de Jesucristo fueron eventos que ocurrieron en la historia de la humanidad. No son fábulas ni creencias tradicionales. Desde que su muerte fue un evento real, así fue la muerte de nosotros con Él. *Porque habéis muerto, y vuestra vida está escondida con Cristo en Dios.* Colosenses 3:3.

Cuando pecó Adán, todos nosotros pecamos porque estábamos todos en él cuando desobedeció la Palabra de Dios. En aquel momento todo el mundo fue hecho pecador. No tuvimos que hacer nada malo para ganar éste título. Como dijo David en Salmo 51:5: *He aquí, en maldad he sido formado, y en pecado me concibió mi madre.* No está diciendo David que su concepción fue por medio de un acto de adulterio de su madre. No. Él está dándonos a conocer que el pecado de Adán se nos pasó a todos nosotros.

De cual género sea el árbol, así sea la fruta. *Así, todo buen árbol da buenos frutos, pero el árbol malo da frutos malos. No puede el buen árbol dar malas frutas, ni el árbol malo dar frutas buenas.----Así que, por sus frutas los conoceréis.* San Mateo 7:17-18 y 20. Por lo tanto, desde que Adán fue hecho pecador, y cada criatura solamente podía reproducir según su género, así Adán podía llevar solamente pecadores. Génesis 1:11-12. Desde que Adán fue debajo de la condenación, juicio y la sentencia de muerte, asimismo somos todos nosotros. Romanos 5:12-19.

Para seguir adelante con su propósito eterno, Dios tuvo que dar al mundo un varón segundo, que le serviría para Dios como el nuevo y el postrer Adán. Él no podía usar el primer Adán de quien la naturaleza fue ya corrupta. Un hombre que necesitaba redención no era en una condición para redimir a otros. Por eso, Dios envió a su Hijo unigénito al mundo para cargarse de nuestro pecado, juicio, condenación y muerte. Como el acto de desobediencia de Adán nos hizo pecadores, así el acto de obediencia de Cristo, cuando obedeció hasta la muerte de la cruz, nos hizo justos. I Cor. 15:45--47; Rom. 5:19.

Para participar en *una salvación tan grande,* Jesús dijo: *De cierto, de cierto te digo, que el que no naciere de nuevo, no puede ver el reino de Dios.--lo que es nacido de la carne, carne es; y lo que es nacido del Espíritu, espíritu es. No te maravilles de que te dije: Os es necesario nacer de nuevo.* Tal persona no más pertenece al primer Adán, un hombre terrenal, sino pertenece al postrer Adán, quien es el Señor del cielo.

Nos habiendo puesto Dios en Cristo, siendo crucificado con el, también estábamos en Él cuando fue sepultado. La tumba era para Él y nosotros la tierra inhabitada. Recuerda que el Azazel no va a regresar nunca. Asimismo, nosotros como los hijos de la desobediencia de Adán no vamos a regresar de ser muertos en transgresiones y pecados. Aquella relación que teníamos con

Adán como pecadores se queda en la tumba. *Porque si fuimos plantados juntamente con Él en la semejanza de su muerte, así también lo seremos en la de su resurrección; sabiendo esto, que nuestro viejo hombre fue crucificado juntamente con Él, para que el cuerpo del pecado sea destruido, a fin de que no sirvamos más al pecado.* Romanos 6:5 & 6.

Esto quiere decir que nuestra historia del pasado en el primer Adán está terminada y sepultada. La significación de esto es tremenda. Nos informa que no tenemos ninguna conexión a Adán ni al pecado. Mientras que estábamos muertos en los pecados en Adán, fuimos llamados pecadores. Fuimos hechos o constituidos pecadores. Que es decir que teníamos la constitución o naturaleza de un pecador. Eso es lo que Dios efectivamente nos quitó por medio de la muerte y sepultura de Jesucristo. Eso es lo que fue llevado a la tierra inhabitada, a la tierra más bajo, a la tumba, que nunca iba a regresar. El viejo hombre se quedó en la tumba, fue el nuevo hombre que salió. *De modo que si alguno está en Cristo, nueva criatura es; las cosas viejas pasaron; he aquí todas son hechas nuevas. II Corintios 5:17.*

Hace cuarenta años oí decir un predicador Bautista acerca de II Corintios 5:17 que hubiera sido traducido: las cosas viejas están pasando y están renovando las nuevas. Este es un ejemplo perfecto de un hombre que es queriendo a validar lo que puede sentir y ver de su experiencia más que la palabra de Dios. Uno de los problemas que tenemos como cristianos, es poner más creencia y certeza en nuestra experiencia diaria personal que ponemos en la palabra de Dios. He oído sermones de diferentes personas desde que creí en Jesús hasta el presente, que nos han dicho que todavía tenemos la naturaleza de un pecador. Ellos han pasado por alto completamente la enseñanza de las escrituras, sazonando sus mensajes con dichos religiosos que calculan son aceptables. Aun peor, no saben lo que hacen. La tendencia es limitar la obra de Cristo al perdón de pecados. Creo que éste es el caso porque están preocupados de sus propios pecados y fracasos. Y por supuesto, ¿Quién es que está allí para recordarnos de estas cosas?

En la década de las sesentas yo estuve en un modo de honestidad verdadera y extrema. Yo estaba queriendo confesar cualquier cosa, si por éste medio me iba a cambiar. Un día dije a mí pastor que mis pecados me parecían más grandes que la sangre de Jesús. El pastor era un piadoso para quien yo tenía mucho respeto, sin embargo me dijo solamente, que interesante es ese dicho. Ahora creo que hubiera sido mejor si él me habría dado una revista acerca de la eficaz de la sangre de Cristo a quitar los pecados. El diablo es astuto. Aun Dios dice así. Lo que yo iba a entender en la década setenta fue que Satanás me devolvió la honestidad contra mí. No es suficiente estar honesto acerca de nuestros pecados, es menester que entendamos que la sangre es más grande que cualquier de nuestros pecados. *Por tanto os digo: Todo pecado y blasfemia será perdonado a los hombres; Mateo 12:31* Gracias Padre Santo.

La disputa principal es: ¿Porqué peco*yo todavía, si no tengo más la naturaleza del pecador? Podemos hacer otra pregunta: ¿Por qué hacen los pecadores obras o hechos bondadosos y recomendables? ¿Quiere decir esto que no son más pecadores? Claro que no. Si un santo peca, ¿quiere decir que es pecador todavía? ¿Qué somos, pues? ¿Somos pecadores santos o santos pecaminosos? ¿Somos lavados blancos o solo blanqueados? ¿Por qué es necesario ser renacido? Ciertamente no es para ser per-

*Lea el suplemento al fin del libro.

donado. ¿Porqué pues? ¿Qué quiere decir? ¿Cuando Pablo nos dice que somos nuevas criaturas en Cristo? ¿Que las cosas viejas se fueron y las nuevas llegaron?

Cuando Dios nos sepultó* en la tumba y juntamente con Cristo nos resucitó, nuestra identidad fue cambiada. Eso no lo comprendíamos, como en la misma manera no teníamos indicio ninguno de lo que nos pasaba cuando nuestra madre nos dio a luz en la carne. Es cierto que no entendíamos como venimos a existir, ni aun quienes éramos. Hay gente de cuarenta años de edad que todavía no lo comprende. Hay hombres que se visten y pintan sus caras como mujeres, y salen a los lugares públicos sin vergüenza. Estos se llaman transvestis. Se les ha perdido el sentido verdadero de su identidad. El resultado es que andan en confusión sin saber como comportarse ni como aparecer.*Romanos 6:4-5; Efes.2:6

Es lo mismo con nosotros cuando no andamos conforme a la palabra de Dios. *Pero sed hacedores de la palabra, y no tan solamente oidores, engañándoos a vosotros mismos. Porque si alguno es oidor de la palabra pero no hacedor de ella, éste es semejante al hombre que considera en un espejo su rostro natural. Porque él se considera a sí mismo, y se va, y luego olvida cómo era.* En estos versos podemos ver que importante es que nos conduzcamos según las escrituras. Lo que hacemos se une con lo que somos y se nos establece nuestra identidad como hijos e hijas de Dios. Fuimos sepultados en la tumba, siendo pecadores muertos en los pecados, y salimos de la sepultura siendo santos y vivos para Dios. Eso es lo que somos. Efesios 2: 4--6.

No somos más la misma cosa que éramos antes de creer. Estoy seguro que tenía razón el apóstol Pablo que no nos mencionó nada a nosotros acerca de transformarnos por medio de la renovación de nuestro entendimiento hasta

Romanos 12: 1-2. Primeramente, estableció el cimiento en nosotros de nuestra identidad nueva y como la obtuvimos. Después comenzó a hablarnos acerca de como debemos comportarnos.

Parece que es el asunto del diablo a nublar nuestra identidad. ¿Qué medios mejores serían para manipularnos que nos comportemos de tal manera que no sería digno de un hijo de Dios? Esto quizá explica la causa de que haya tantos transvestis espirituales en las iglesias evangélicas. El trompetear del evangelio no es dado un sonido claro. Es un mensaje mezclado y confundido y parece que la gente no lo sabe. La razón principal por su ignorancia es que el pueblo no lee ni estudian su Biblia. La vida nueva en Cristo tiene que recibir alimento, como dijo Pedro el apóstol: *Desead, como niños recién nacidos, la leche espiritual no adulterada, para que por ella crezcáis.*

El autor del libro a los Hebreos escribió en capítulo 5:11-14, ---*Acerca de esto (Melquisedec) tenemos mucho que decir, y difícil de explicar, por cuanto os habéis hecho tardos para oír. Porque debiendo ser ya maestros, después de tanto tiempo, tenéis necesidad de que se os vuelva a enseñar cuáles son los primeros rudimentos de las palabras de Dios; y habéis llegado a ser tales que tenéis necesidad de leche, y no de alimento sólido. Y todo aquel que participa de la leche es inexperto en la palabra de justicia, porque es niño; pero el alimento sólido es para los que han alcanzado madurez, para los que por el uso tienen los sentidos ejercitados en el discernimiento del bien y del mal.*

CAPITULO 4

Levantado de los muertos

*Acuérdate de Jesucristo, del linaje de David, resucitado de los muertos conforme a mi evangelio,...*II Timoteo 2:8

Porque si no hay resurrección de muertos, tampoco Cristo resucitó. Y si Cristo no resucitó, vana es entonces nuestra predicación, vana es también vuestra fe. Y somos hallados falsos testigos de Dios; porque hemos testificado de Dios que él resucitó a Cristo, al cual no resucitó, si en verdad los muertos no resucitan. Porque si los muertos no resucitan, tampoco Cristo resucitó; Y si Cristo no resucitó, vuestra fe es vana; aún estáis en vuestros pecados. Entonces también los que durmieron en Cristo perecieron. Si en ésta vida solamente esperamos en Cristo, somos los más dignos de conmiseración de todos los hombres. Mas ahora Cristo ha resucitado de los muertos; primicias de los que durmieron es hecho. Porque por cuanto la muerte entró por un hombre, también por un hombre la resurrección de los muertos. Porque así como en Adán todos mueren, también en Cristo todos serán vivificados.
I Corintios 15:13-22.

Leemos en el principio, cuando Dios creó Adán, *que Jehová Dios formó al hombre del polvo de la tierra, y sopló en su nariz aliento de vida, y fue el hombre un ser viviente.* Génesis 2:7. Vemos de esto que Dios formó al hombre del polvo de la tierra, pero cuando quiso animarlo, no creó Dios la vida en Adán, sino la impartió. Solamente lo que tiene vida puede impartir vida al otro. Así era esencial que Cristo sea levantado de entre los muertos, para que pueda compartir su vida a los que creerían en él.

El evolucionista, cegado por las asunciones falsas que ha embrazado voluntariamente sin evidencia, cree que la vida es un producto químico. Esto se muestra del título de un artículo escrito en los periódicos de Los Estados Unidos, que dijo, EL HOMBRE CREA LA VIDA. En realidad ellos no han hecho nada de eso. Lo que habían hecho eran unas formas rudimentarias de los ácidos aminos, a los cuales les gusta referir como, los bloques de edificar de vida. Esta definición es resultada de una mentalidad escogida que rehúsa a reconocer la existencia de nada que no es de materia, ni cualquier designio inteligente del universo. Los científicos saben que las proteínas están constituidas de los ácidos aminos, así se concluyó que el hombre había creado la vida. Pero, ¿lo habían hecho, de veras? ¡Claro que no! Todas las proteínas de Adán estaban en su lugar, pero eran muy muertas. La vida no es una mezcla compleja de las moléculas correctas, ni es algo que el hombre puede crear nunca. ¿Cómo pudiera ser?, cuando aun Dios no creó vida, sino la impartió a lo que no la tenía. Requiere más que químicos, rayos cósmicos, chispas y relámpagos.

Es el mismo con los que todavía están muertos en sus pecados. Requiere más que dar vuelta a la hoja nueva, o dejando atrás los malos hábitos. Todo esto sea muy recomendable, pero no tiene poder ninguno para dar la vida eterna o levantar uno de entre los muertos. Eso requiere Uno que tiene la vida y el poder suficiente en si mismo para dársela al quien está muerto, si sea físicamente o espiritualmente. ---*para que sepáis ---cuál la supereminente grandeza de su poder para con nosotros los que creemos, según la operación del poder de su fuerza, la cual operó en Cristo, resucitándole de los muertos---*. Efesios 1:18-20.

Todos nosotros, que hemos nacidos en éste mundo, hemos nacido muertos a Dios. Si usted está físicamente muerto, esto quiere decir que usted no puede comunicar o percibir nada por los sentidos físicos del universo físico. Estando muertos a Dios significa que no puede experimentar a Dios. Efesios 4:18 dice: *Teniendo el entendimiento entenebrecido, ajenos de la vida de Dios por la ignorancia que en ellos hay, por la dureza de su corazón--*. Hay solamente una manera de ser levantado de nuestra muerte espiritual, eso es creer en el Señor Jesucristo. *---aun estando nosotros muertos en pecados, (Dios) nos dio vida juntamente con Cristo (por gracia sois salvos), y juntamente con él nos resucitó---*. Efesios 2:5 - 6.

La palabra clave es CREER. Jesús dijo en Juan 11:25 - 26 *Le dijo Jesús: Yo soy la resurrección y la vida; el que cree en mí, aunque esté muerto, vivirá. Y todo aquel que vive y cree en mí, no morirá eternamente.* **¿CREES esto?** Cuando el carcelero de Filipos preguntó a Pablo y a Silas, *Señores, ¿qué debo hacer para ser salvo?*, ellos dijeron: *Cree en el Señor Jesucristo, y serás salvo, tú y tu casa (que es decir su familia).* Hay tantas escrituras que soportan esto que no hay lugar para citar todas, pero aquí están dos más: *De cierto, de cierto os digo: El que oye mi palabra, y* **cree** *al que me envió, tiene vida eterna; y no vendrá a condenación, mas ha pasado de muerte a vida.* Juan 5:24. Y probablemente la escritura mejor conocida entre los incrédulos es Juan 3:16 *Porque de tal manera amó Dios al mundo, que ha dado a su Hijo unigénito, para que todo aquel que en él* **cree**, *no se pierda, mas tenga vida eterna."*

Creyendo en alguien es simplemente el reconocer que alguien es auténtico y sus palabras son la verdad. En éste caso nosotros estamos reconociendo que el Señor Jesucristo es exactamente la persona que la Biblia dice que es. Y, ¿Quién es? Había un ciego que Cristo sanó, aplicando lodo, hecho de una mezcla de saliva y tierra, a los ojos del ciego y diciéndole que vaya a lavarse en el estanque de Siloé. Otros lo llevaron ante los fariseos quienes volvieron, pues, a preguntarle, *¿cómo había recibido la vista?* Al fin, lo expulsaron del templo. Oyó Jesús que le habían expulsado y hallándole, le dijo: *¿CREES tú en el Hijo de Dios? Le respondió y dijo: ¿Quién es, Señor, para que crea en Él? Le dijo Jesús: Pues le has visto, y Él que habla contigo, Él es. Y él dijo: CREO, Señor; y le adoró.* La respuesta natural de todos los que CREEN es adoración.

La Biblia nos dice que *está establecido para los hombres que mueran una sola vez.* Nos enseña, también, que todos serán levantados de la muerte en su orden. Así que todos nosotros viviremos dos veces. El problema es que hay muchos que experimentarán la muerte dos veces sin necesidad. *Y vi a los muertos, grandes y pequeños, de pie ante Dios; y los libros fueron abiertos, y otro libro fue abierto, el cual es el libro de la vida; y fueron juzgados los muertos por las cosas que estaban escritas en los libros, según sus obras. Y el mar entregó los muertos que había en él; y la muerte y el Hades entregaron los muertos que había en ellos; y fueron juzgados cada uno según sus obras. Y la muerte y el Hades fueron lanzados al lago de fuego. Esta es la muerte segunda. Y él que no se halló inscrito en el libro de la vida fue lanzado al lago de fuego. El Apocalipsis 20:12-15.*

¿Cree usted en el Hijo de Dios? ¿Creerá en él? Es dicho, y he visto que es cierto, que es bueno que se repita un punto que está enseñando. En éste caso, lo que quisiera repetir es Juan 20:31: *Pero éstas se han escrito para que creáis que Jesús es el Cristo, el Hijo de Dios, y para que creyendo, tengáis vida en su nombre.* ....porque *en ningún otro hay salvación; porque no hay otro nombre bajo el cielo, dado a los hombres, en que podamos ser salvos. Hechos 4:12.*

Nota:

Si mientras está leyendo éste libro, y ha creído en el Señor Jesucristo, que Él es el Hijo del Dios viviente, haga favor de mandarme un e-mail a la dirección hwat62@msn.com, y contarme lo que usted ha hecho. Gracias.

A sus ordenes por Jesucristo,   Harold L. Watson

CAPITULO 5

Nosotros Morimos Con Cristo

Para que nosotros tengamos un entendimiento mejor de las expresiones como, *Yo he sido crucificado con Cristo, Sabiendo esto, que nuestro viejo hombre fue crucificado juntamente con Él,... Porque habéis muerto, y vuestra vida está escondida con Cristo en Dios,* será necesario explicarles la palabra, FEDERAL.

Muchas veces se refieren a Adán y a Cristo como Cabezas Federales. Básicamente, esto quiere decir que la cabeza representa y actúa por todos los que están en unión con ella. Por ejemplo, si el gobierno federal hace la guerra y su ejército está vencido, pues todos los ciudadanos son vencidos también, pero si la cabeza federal gana la guerra, así también todo el pueblo gana. Igualmente, cuando Adán, siendo la cabeza federal de toda la humanidad, cayó mediante un acto de desobediencia de la relación en la cual el disfrutaba con su creador, toda la humanidad, siendo en unión con el, cayó también. Lo que pasa a la cabeza federal, ocurre asimismo a todos los que están en ella. Por eso, la escritura nos informa que *EN Adán, todos mueren,* también, *EN Cristo todos serán vivificados.* I Corintios 15:22.

Lo que necesitaba la humanidad era una cabeza nueva que era libre totalmente de la corrupción y esclavitud de Adán. Para llevar a cabo esto, Dios envió a su Hijo unigénito al mundo para tomar a sí mismo un cuerpo humano, siendo hecho de la carne como somos todos nosotros. Hebreos 2:14. Dios dijo a Satanás en Génesis 3:15, *Pondré enemistad entre ti y la mujer, y entre tu simiente y la simiente suya; ésta te herirá en la cabeza, y tú le herirás en el calcañar.* Por lo tanto el hombre, Jesús de Nazaret, nació de la virgen, María. Nacido libre de pecado, libre de la muerte, y libre de cualquier servidumbre a Satanás. Por éste medio, Dios nos proveyó con otro Adán. *El primer hombre es de la tierra, terrenal; el segundo hombre, que es el Señor, es del cielo.* I Corintios 15:47.

Hay en buen ejemplo de la relación entre una cabeza federal y los que están en unión con ella escrito en Hebreos 7:1-10. Haga el favor de leer estos versos antes de continuar para que yo pueda hablarle sin la necesidad de citar tantos versos. Gracias.

En el verso dos leemos que Abraham dio los diezmos de todo a Melquisedec, sacerdote del Dios Altísimo. El verso cinco dice *que los que son los hijos de Leví tienen mandamiento de tomar del pueblo los diezmos según la ley, es decir, de sus hermanos, aunque estos también hayan salido de los lomos de Abraham.* Y el verso nueve, *Y por decirlo así, **en** Abraham pagó el diezmo(a Melquisedec) también Leví, que recibe los diezmos; porque aún estaba **en los lomos** de su padre (Abraham) cuando Melquisedec le salió al encuentro.*

¿Es interesante, verdad, que Dios contaría a los hijos de Leví el acto de pagar los diezmos a Melquisedec? El primer hijo de Leví que recibió los diezmos según la ley fue Aarón. Aarón era la séptima generación de Abraham y la cuarta de Leví. Así, en un sentido limitado, como cabeza federal de los hijos que salieron de Abraham por el linaje de Jacob, (que es decir los doce hijos de Jacob) el acto de Abraham de pagar los diezmos a Melquisedec se puede contar a ellos también. Los hijos de Leví solamente se mencionaron desde que les pertenecía a ellos tomar los diezmos de sus hermanos, aunque todos los hijos de Jacob estaban en los lomos de Abraham cuando encontró a Melquisedec.

El propósito original del autor del libro de hebreos fue para ilustrar con éste ejemplo la superioridad del sacerdocio de Melquisedec sobre el de Leví, desde que Leví pagó los diezmos a Melquisedec. Bajo la ley de Moisés solo los de la tribu de Leví podrían ser sacerdotes. Sin embargo, Melquisedec era sacerdote cuando no había ley y Cristo de la tribu de Judá fue *hecho sacerdote según el orden de Melquisedec.* Los Salmos 110:4 y Hebreos 5:1-10. También, éste ejemplo nos demuestra el principio de la cabeza federal.

Habiendo dicho esto estamos listos a ver cómo fue que nosotros morimos con Cristo. Cuando le digo, nosotros, estoy hablando de todos nosotros que somos de éste mundo. Si creemos o no creemos el evangelio, esto no tiene nada que ver con la muerte de Jesucristo. Como dice la Biblia en Hebreos 2:9 *Pero vemos a aquel que fue hecho un poco menor que los ángeles, a Jesús, coronado de gloria y de honra, a causa del padecimiento de la muerte, para que por la gracia de Dios gustase la muerte **por todos**.* La Biblia nos dice que *Así que la fe es por el oír, y el oír, por la palabra de Dios.* Cuando oigamos que Cristo murió para que **todos nosotros** no perezcamos, sino tengamos la vida eterna, la fe se manifiesta en nosotros cuando creemos que los **todos** nos incluyen a **nosotros también**.

Cristo, pues, como una nueva cabeza federal, murió. Desde que nosotros estamos contados de estar en Él, entonces nosotros morimos también en Él, aunque no existíamos todavía. Ya puede ver la similitud entre Abraham, quien pagó los diezmos a Melquisedec y fue contado a los hijos de Leví, aunque no existían hasta siete generaciones después de pagar los diezmos Abraham; y la muerte de Cristo que fue contado a nosotros tantas generaciones después de la muerte de Él. Hay que entender que la fe Bíblica se funda en el cimiento de un acto consumado en el pasado. Un acontecimiento histórico, objetivo, y verídico. Y reconociendo que Cristo murió por nosotros, comenzamos a andar confesando que ya pertenecemos a Jesucristo. Mateo 10:32.

Si tiene cualquier duda que Cristo murió por usted, pues, escucha a lo que dice II Corintios 5:14 *Porque el amor de Cristo nos constriñe, pensando esto: que si uno murió por **todos, luego todos murieron**---;* ¿Quiénes exactamente son los *todos* que murieron? Solamente, ¿son los que han creído en Jesús? Actualmente es muy claro, ¿verdad? Los todos son los mismos todos por los cuales que murió Cristo. Y, ¿quiénes son ellos? Escucha a I Juan 2:2 *El es la propiciación* (sacrificio*) por nuestros pecados (*es decir nosotros que hemos creído)*; y no solamente por los nuestros, sino también por los de **todo el mundo.***

En otras palabras cuando Cristo murió, Él llevó todos los que jamás han vivido o que vivirían hasta la muerte con Él. Recuerda que Cristo es el segundo Adán, otra cabeza federal que reemplaza la del primer Adán, Esto quiere decir que el primer Adán y todo el mundo que estaba en él fueron puestos bajo la cabeza federal de Cristo y murieron con Él en la cruz de Calvario. No importa si han creído o no, Dios, por medio de un acto soberano, incluyó a todo ser humano desde el principio hasta el fin, en la crucifixión de Cristo. *Si uno murió por **todos**, luego **todos** murieron.* Dios ha incluido la creación vieja entera en la muerte de Cristo. La crucifixión nos proveyó una salvación tan grande que el apóstol Pablo dijo a los hermanos de la iglesia de Corinto en su primera epístola a ellos: *Pues me propuse no saber entre* *vosotros cosa alguna sino a Jesucristo, y a éste crucificado.*

La Biblia nos dice, *por la fe entendemos.* Eso se aplica a las palabras, *si uno murió por todos, luego todos murieron.* Estas palabras quieren decir exactamente lo que dicen, sin torcerlas para estar de acuerdo con nuestras ideas preconcebidas. Es muy fácil para la gente que está expuesta a ciertos puntos de vista, conformar la escritura a su doctrina sin darse cuenta que lo hacen. Aun el apóstol Pedro lo hizo en el libro de Los Hechos cuando dio una interpretación limitada a la palabra todo.

En el verso diecisiete de capítulo dos del libro de los Hechos, Pedro dice que, *En los postreros días, dice Dios, derramaré de mi Espíritu sobre **toda** carne,...* En Hechos 10:44-45 *Mientras aún hablaba Pedro éstas palabras, el Espíritu Santo cayó sobre **todos** los que oían el discurso. Y los fieles de la circuncisión que habían venido con Pedro se quedaron atónitos de que también sobre los gentiles se derramase el don del Espíritu Santo.*

En Hechos 2:17 Pedro estaba citando del profeta Joel. El citó bien el verso, pero el pensaba que la palabra *toda carne* quería decir toda carne judía. Pedro no creía, ni los judíos que lo acompañaban a la casa de Cornelio, que *toda carne* incluía a los gentiles también. Esto se reveló cuando *los fieles de la circuncisión---**se quedaron atónitos** de que **también sobre los gentiles** se derramase el don del Espíritu Santo.*

Así cuando la palabra de Dios dice, *que si uno murió por todos, luego todos murieron,* hay que creer las palabras inspiradas de Dios. No dice nunca la Biblia que los todos quieren decir todos los judíos, ni todos los que creen, ni solamente todos los elegidos. Los *todos* quieren decir todo el mundo.

Es posible que un criminal escape de la cárcel y se quede en libertad, pero su libertad no sería justificada. El policía puede prenderlo y echarlo nuevamente y legalmente en la cárcel. La palabra justificada refuerza la verdad que nuestra salvación fue una transacción legal. *Nosotros morimos con Cristo*. ¿Qué juicio posiblemente se puede declarar contra el criminal que ya ha sido ejecutado por todos sus malos hechos? Romanos 8:33 y 34 dicen, *¿Quién acusará a los escogidos de Dios? Dios es el que justifica. ¿Quién es el que condenará? Cristo es el que murió; más aun, Él que también resucitó, Él que además está a la diestra de Dios, Él que también intercede por nosotros.*

El conocimiento que Cristo pagó el precio por los pecados de todos, y que Dios ya los ha incluido en Su muerte, debe darnos más confidencia para testificar a otros. Cuanta esperanza debemos tener para ellos, estando armado de éste conocimiento, animándoles creer en el Señor Jesucristo y comenzar a vivir para Él que murió por ellos y resucitó de nuevo. Jesús lo coronó cuando dijo, mientras que estaba en la cruz, **CONSUMADO ES.** Estas dos palabras eliminan para siempre cualquier necesidad que nosotros pensemos a ponerles requisitos antes de que puedan recibir a Cristo.

También nos ayudará a mantener en memoria que la muerte de toda la humanidad junto con Cristo fue un acontecimiento en la historia humana. Fue hecho como un acto totalmente de la soberanía de Dios. Fue algo que Él hizo por nosotros. No le pidió permiso a nadie. Lo hizo porque nos ama verdaderamente. *Porque de tal manera amó Dios al mundo, que ha dado a su Hijo unigénito, para que todo aquel que en Él cree, no se pierda, mas tenga vida eterna.* Juan 3:16.

Note:
Quiero comentar acerca del bautismo en agua.
Vamos a leer de Romanos 6:3-5: *¿O no sabéis que todos los que hemos sido bautizados en Cristo Jesús, hemos sido bautizados en su muerte? Porque somos sepultados juntamente con él para muerte por el bautismo, a fin de que como Cristo resucitó de los muertos por la gloria del Padre, así también nosotros andemos en vida nueva.*

Estamos diciendo por medio del bautismo que estamos de acuerdo que morimos con Cristo. Así, estamos sepultados, no para matarnos, sino porque ya estamos muertos. Y cuando salimos del agua del bautismo, reconocemos que ya estamos vivos en Cristo. *Porque en cuanto murió, al pecado murió una vez por todas; mas en cuanto vive, para Dios vive. Así también vosotros consideraos muertos al pecado, pero vivos para Dios en Cristo Jesús, Señor nuestro.*

Hay muchos que enseñan que el bautismo sirve como confesión público, pero esto no es así. En el libro de los Hechos 8:26-38, va a leer que Felipe bautizó al eunuco en agua en el desierto. No había otra persona ninguna allí. Hubo otra ocasión en los Hechos 16:23-33. Aquí Pablo y Silas bautizaron el carcelero y su familia un poco después de la media noche. Esto no estuvo en un lugar público, sino en el aislamiento de la casa del carcelero. De esto se puede ver que el acto de bautizar no es para los ojos del hombre, sino para Dios.

CAPITULO 6

El cristiano y La Ley

La ley fue dada por medio de Moisés, pero la gracia y la verdad vinieron por medio de Jesucristo. San Juan el Amado dijo en Juan 1:17. *Todos los profetas y la ley profetizaron* **hasta** *Juan* (El Bautista). Mat.11:13. *La ley y los profetas fueron* **hasta** *Juan: desde entonces el reino de Dios es anunciado.* Lucas 16:16. Romanos 6:14 *Porque el pecado no se enseñoreará de vosotros; pues no estáis bajo la ley, sino bajo la gracia.* Ahora usted no puede encontrar algo más claro que eso. Si está tan claro, ¿por qué supone que hay tantos predicadores y maestros de la Biblia que nos dicen que todavía estamos bajo la ley? Antes de que procuremos contestar a eso, debemos examinar éste punto más completamente.

Lea por favor Romanos 6:1 a 6:13. El verso catorce es un verso que comienza a introducir otro aspecto de la muerte de nuestro Señor Jesucristo. Yo le recomendaría que usted leyera esto en la Versión Reina Valera del 1,960. Los verbos en ésta versión están traducidos correctamente. Por ejemplo el verso dos debe leer: *Porque los que* **hemos muerto** *al pecado,...*en vez de **somos muertos**, como está escrito en otras versiones. El punto entero del discurso de Pablo en estos versos es que morimos con Cristo al pecado. El uso del verbo pretérito, *morimos*, describe un acto terminado en el pasado que no continúa más. El acto que fue terminado en el pasado fue la crucifixión de Jesucristo. Pablo dijo que fuimos crucificados con Él, y que morimos juntamente con él al pecado.

Esta muerte al pecado fue una muerte legal. Es obvio que no morimos físicamente. No fue necesario. Cristo, como el último Adán, murió físicamente por nosotros al pecado. Él llevó todos nuestros pecados en su propio cuerpo a la cruz, toda nuestra culpa, toda nuestra condenación, y fue llevado a la muerte por las autoridades de un gobierno legalmente constituido.

Fue por medio de éstas autoridades que Dios ejecutó su juicio sobre cada persona, que ha vivido o que viviría jamás, en la persona de su Hijo. Nosotros habiendo legalmente muerto al pecado con la muerte de Cristo, hemos sido justificados del pecado. Todos nuestros pecados han sido quitados legalmente. Nuestra conciencia, previamente culpable, ahora está en paz. Toda nuestra condenación y juicio ha sido quitado de nosotros. Por lo tanto hemos sido puestos en libertad. Pero, para que la libertad continúe hay otra cosa con que Dios debe tratar. Eso ocupará el resto de nuestra discusión.

Dije anteriormente que el verso 14 era un verso que conecta el pensamiento anterior a lo siguiente. Este verso nos demuestra que el pecado y la ley tienen una relación que nos lleva a la esclavitud del pecado. Vemos de esto que no era suficiente morir al pecado, nosotros tenemos que morir también a la ley. El pecado no tendrá dominio sobre nosotros, no sólo porque hemos muerto al pecado, sino que también porque no estamos bajo ley. *La ley se enseñorea del hombre entre tanto que éste vive.* Romanos 7:1. ---*porque sin la ley el pecado está muerto.* Romanos 7:8---*el aguijón de la muerte es el pecado; y el poder del pecado, la ley.* I Corintios 15:56.

fue por medio del Cristo crucificado en quien morimos al pecado que Dios nos libró de la ley para establecernos como justos. *Porque Cristo es el fin de la ley para la justicia a todo aquel que cree.* Vea Romanos 10:3-4. *Así pues, mis hermanos, también les fueron hechos muertos a la ley a través del cuerpo de Cristo.* Romanos 7:4.

La relación que la ley tiene con pecado se hace evidente en Romanos 7:5 y 8 cuando dice: *Porque mientras estábamos en la carne, las pasiones pecaminosas que* **eran por la ley** *obraban en nuestros miembros llevando fruto para muerte. Pero el pecado* **tomando ocasión por el mandamiento** *produjo en mí toda codicia; porque* **sin la ley, el pecado está muerto.** Recuerde, en el huerto de Edén, allí era solamente un mandamiento: *no coma del árbol del conocimiento del bien y del mal---,* si no hubiera habido ley o mandamiento, el pecado no habría podido entrar; **porque donde no hay ley, tampoco hay trasgresión.** Romanos 4:15. La presencia de ley es la que provee la oportunidad para que el pecado se manifieste. **Porque el pecado, tomando ocasión por el mandamiento, me engaño, y por él me mató.** Romanos 7:11.

Desde que la ley y el pecado funcionan juntos para un fin tan mortal, ¿quiere decir esto que la ley es mala? ---*la ley a la verdad es santa, y el mandamiento santo, justo y bueno. ¿Luego lo que es bueno, vino a ser muerte para mí? En ninguna manera; sino que el pecado, para mostrarse pecado, produjo en mí la muerte por medio de lo que es bueno, a fin de que por el mandamiento el pecado llegase a ser sobremanera pecaminoso.* Romanos 7:12, 13. Por tanto tiempo que estamos bajo la ley, el pecado la va a usar para obrar la muerte en nosotros. No hay diferencia si somos cristianos o no. Si el cristiano se aleja de andar bajo la gracia, aunque no lo entiende, y comienza a confiar en sus buenas obras para probarse digno de la bendición de Dios, luego se encontrará en la misma condición en la cual se encontró el apóstol Pablo.

El árbol de la ciencia del bien y del mal está cerca cuando nos encontramos en ésta trampa. Pablo lo describió en ésta manera: *Si lo que no quiero, esto hago, apruebo que la ley es buena. De manera que ya no soy yo quien hace aquello, sino el pecado que mora en mí. Así que, queriendo* **yo** *hacer* **el bien***, hallo ésta ley: que* **el mal** *está presente conmigo.* Romanos 7:20, 21. Cada bocado del fruto de aquel árbol contiene el bien y el mal. No se puede tomar el uno sin el otro. El camino del árbol de la ciencia del bien y del mal es el camino de la independencia de Dios. Es el camino de auto-determinación, sin fe, sin gracia, solo yo y mí propia justicia. Es semejante a la canción que cantaba Frank Sinatra, LO HICE POR EL MODO MIO. Haciéndolo por mí modo es el camino de obras, que es el camino de la muerte. No es posible que sea otra cosa, porque la gracia de Dios nos viene solo por medio de la redención que está en Jesucristo mediante la sangre que vertió en la cruz de Calvario.

Lo siguiente que voy a decir, le va a requerir a orar, a examinar, y a pensar. Siempre es bueno que nosotros escudriñemos las escrituras y apliquemos la mente, mientras que estamos rogando a Dios continuamente que nos dé el entendimiento. Debemos estar siempre listos para entender todo lo que leemos aunque esté escrito por un cristiano bien conocido. Es necesario que estemos plenamente persuadidos en nuestra mente.

Cuando estuvimos estudiando las escrituras durante los primeros años de la vida cristiana, quizás hubiera tendencia de llegar a conclusiones prematuramente acerca de la significación de un verso o más. Debemos tener suficiente flexibilidad para mantenernos abiertos al ingreso de más información más allá en nuestro estudio que puede corregir o modificar la primera conclusión. Otra cosa, no quite pronto lo que voy a decir a causa de las ideas preconcebidas que fueron formadas de escuchar a otros.

Yo creo que Romanos 7:4-6 claramente describen el punto doctrinal que el apóstol Pablo está enseñándonos. Comenzando del verso siete el apóstol relata de su propia experiencia lo que pasa cuando un cristiano se pone otra vez bajo la ley para establecerse como justo. Muchas veces ésta porción de escritura ha estado enseñada como una ilustración de la experiencia normal de la vida cristiana. Sin embargo, esto no expresa la intención de Dios para nosotros. Él no quería que nosotros sufriéramos de tal manera. Esta experiencia de Pablo fue nada más que una fase por la cual Pablo pasó. Por medio de ésta experiencia el Señor Jesús enseño a Pablo en una manera más fina acerca de *una salvación tan grande.* La revelación que el recibió era que no solamente murió al pecado, sino también a la ley.

La primera parte de Romanos 7:25 es fuertemente proclamado como el grito de victoria, pero eso no es así. Esto es una declaración de la resignación de un hombre quien está acampado junto y comiendo del árbol de la ciencia del bien y del mal. Esta es la conclusión más honesta de aquel hombre que se encuentra esclavizado al pecado, que recibe su poder mediante la ley. La última parte del verso nos revela que éste hombre se queda en la esclavitud al pecado. *Así que, yo mismo con la mente sirvo a la ley de Dios, mas con la carne a la ley del pecado.* Romanos 7:25. Yo creo que podemos considerar como una larga expresión parentética los versos desde el verso siete hasta el fin del capítulo. En otras palabras podemos quitar estos versos sin perder nada de la doctrina que el apóstol está enseñándonos.

Las palabras, **yo mismo,** nos dicen que éste hombre está viviendo del árbol equivocado. El había caído en el error de tratar de servir a Dios aparte de la vida de Dios. Ninguno que comía del árbol de vida no haría nunca un comentario como ese.

Después de ésta experiencia, Pablo podía decir: *Yo por la ley soy muerto para la ley, a fin de vivir para Dios. Con Cristo he estado juntamente crucificado, y ya no vivo yo, mas vive Cristo en mí; y lo que ahora vivo en la carne, lo vivo en la fe del Hijo de Dios, el cual me amó y se entregó a sí mismo por mí. No desecho la gracia de Dios; pues si por la ley fuese la justicia, entonces por demás murió Cristo.* Gálatas 2:19-21. La vida cristiana verdadera es en participación por la fe con la vida de otro, El Señor Jesucristo.

El testimonio de Pablo en Romanos capítulo siete está lleno de YO, YO, YO........ Cuando escribió la carta a las iglesias de Gálatas, entendía la verdad que murió a la ley mediante el cuerpo crucificado de Cristo. Sin éste entendimiento nuevo, el no hubiera podido nunca haber escrito la carta para corregir el error doctrinal que existía entre éstas iglesias, porque en Romanos capítulo siete, él nos da su testimonio de lo que sufría cuando vivía en el mismo error.

Fue dicho en ésta página que los versos 4-6 definan aquel punto de doctrina. Aquí está: *Así también vosotros, hermanos míos, **habéis muerto a la ley mediante el cuerpo de Cristo**, para que seáis de otro, del que resucitó de los muertos, a fin de que llevemos fruto para Dios.-------Pero **ahora estamos libres de la ley, por haber muerto para aquella en que estábamos sujetos,** de modo que sirvamos bajo el régimen nuevo del Espíritu y no bajo el régimen viejo de la letra.* Y también II Corintios 3:6: *Dios---nos hizo ministros competentes de un nuevo pacto, no de la* *letra, sino del Espíritu; porque la letra mata, mas el Espíritu vivifica.*

Note que el resultado más importante de estar hecho libre de la ley es para que seamos de Otro, aun de Él que fue levantado de los muertos, a fin de que llevemos fruto para Dios. Para mí, el Señor Jesús es el árbol de la vida. Jesús dijo: *Como me envió el Padre viviente, y yo vivo por el Padre, asimismo el que me come, él también vivirá por mí.* El producto de vivir por Jesús es el llevar el fruto para Dios.

Mira la clase de fruto que llevamos cuando vivimos por medio del árbol de la ciencia del bien y del mal: *Porque mientras estábamos en la carne, los afectos de los pecados **que eran por la ley,** obraban en nuestros miembros fructificando para muerte.* Romanos 7:5. En el principio de éste verso Pablo dice *mientras estábamos en la carne.* Que es decir, antes de que conozcamos a Jesús *estábamos en la carne,* que nos implica que ya no estamos más en la carne. Eso es exactamente lo que Pablo nos enseña en Romanos 8:8-9: *Así que, los que están en la carne no pueden agradar a Dios. Mas vosotros **no estáis en la carne**, sino en el espíritu, si es que el Espíritu de Dios mora en vosotros; y si alguno no tiene el Espíritu de Cristo, el tal no es de él.*

El hecho que nosotros, que nos llamamos cristianos, somos capaces de vivir según la carne, no puede negar la verdad revelada en estos versos. Lo que es revelado es que nos falta la fe. Hay un error grande que es hecho muchas veces por los que enseñan a las ovejas. Esto es la tendencia de interpretar las escrituras por medio de la luz de sus experiencias, en vez de juzgar sus experiencias por medio de la Palabra de Dios. El resultado es que los santos están enseñados una versión torcida del evangelio. Un mensaje que no puede dar a luz la fe en el corazón de los que están escuchando.

Si usted se encuentra andando en círculos como describe Pablo en Romanos capítulo siete, pues ahora sabe que es la causa. El error en éste caso sería desear y esperar hasta que Dios haga algo nuevo en usted para librarle de su versión defectuosa de la cristiandad. Yo puedo decirle ahora que su espera estará de balde. **¡El no lo hará!** ¿Porque no? ¡Porque **ya lo ha hecho!** Todo es completo. **¡CONSUMADO ES!**

Dios está esperando hasta que nosotros Lo creamos. Cuando Pablo dice, --*vosotros, hermanos míos, estáis muertos a la ley por el cuerpo de Cristo,* ¿qué más le queda que haga Dios? Nada. Todavía, *la fe es por el oír; y el oír por la palabra de Dios.* Romanos 10:17. Así, hermanos, creamos ésta palabra que nos informa que morimos mediante el cuerpo crucificado de Cristo. Esto es un hecho histórico. Es algo que fue hecho por nosotros en el pasado. Entonces, hermanos amados, demos gracias a Dios por lo que ha hecho por nosotros. Como nos sentimos no es importante. Así pues, hermanos, quitemos los ojos de nosotros mismos y los fijemos en la Palabra de Dios que vive y permanece para siempre.

Quitando los ojos de nosotros mismos es un problema muy común, porque la tentación es el querer sentir algo en nosotros que nos asegura que todavía Dios está con nosotros. Lo interesante es que lo mismo es un problema grande a Dios también, porque Él quiere que nosotros andemos por la fe y no por los sentimientos. En el principio Dios nos da los sentimientos gloriosos. Antes bien Él comienza a calmar y quitar los sentimientos para entrenarnos a andar por la fe. El diablo no quiere que éste entrenamiento sea un éxito. Por eso Satanás manda a nosotros un espíritu de mentira para persuadirnos que

Dios nos ha abandonado. Recuerde que Dios quiere que nosotros andemos por la luz de su Palabra. Y su Palabra nos dice, *No temas, que yo soy contigo; Mira que te mando que te esfuerces y seas valiente: no temas ni desmayes, porque Jehová tu Dios será contigo en donde quiera que fueres.* Amado, pelea bien ésta batalla de fe.

CAPITULO SIETE

Justicia: ¿Por la fe o Por las obras?

Vamos a comenzar de leer de Romanos 1:16 y 17. *Porque no me avergüenzo del evangelio: porque es poder de Dios para salvación a todo aquel que cree; al judío primeramente y también al griego. Porque en el evangelio la justicia de Dios se revela de fe para fe; como está escrito: Mas el justo vivirá por la fe.* Cuando Pablo dice: *como está escrito,* esto significa que va a citar del Antiguo Testamento. En éste caso el verso se encuentra en el libro de Habacuc 2:4.

Verso 16 de Romanos nos enseña que el evangelio es el poder de Dios. ¿Por medio de qué? El verso 17 nos da la respuesta, la cual es, que en el evangelio la justicia de Dios se revela. ¿Qué hay de la justicia de Dios que dé poder al evangelio? Quizá una experiencia que me ocurrió hace unos años en la Ciudad de Guatemala nos ayudará a comprender. El Señor había hecho un milagro notable el día antes cuando enderezó la pierna y pie de una muchacha de once años que nació deformada. Mientras que yo pensaba en esto y las muchas otras cosas que había hecho, le dije, Padre, ¿cómo es que puedes hacer tales cosas por medio de un hombre que está lleno de defectos y peca todavía? Luego me respondió: Todas las obras que Yo hago por medio de ti o cualquier otro, no depende en la justicia tuya, sino en la Mía que está en ti mediante tu fe en Jesucristo.

Sin duda habrán siempre los burladores que nos dirán: *Ellos dicen: Hagamos males para que vengan bienes.* En otras palabras, desde que predicamos que Dios no nos acepta sobre la base de nuestras buenas obras, sino por la fe en el Señor Jesucristo, nos acusan de predicar que no es necesario que nos comportemos bien. La razón que ellos se burlan del evangelio de tal manera, es para evitar el requisito de creer y someterse a la justicia de Dios, la cual justicia se revela por la predicación del evangelio. Estos burladores piensan que pueden justificarse a si mismos delante de Dios por medio de sus propias obras. No es extraño que Pablo dijo que *la condenación de los cuales es justa.*

Actualmente el opuesto de su acusación es la verdad. Es el ser hecho (constituido) justo por la fe que da poder al creyente para querer y expresar la justicia en su vida mediante su buena conducta. Hay un dicho excelente que hizo Pablo en la breve epístola a Filemón. Pablo dijo a Filemón que estaba orando por él: *Para que la comunicación de tu fe sea eficaz, en el reconocimiento de todo el bien que está en vosotros, por Cristo Jesús.* A mí me parece que hay un buen querer excesivo a confesar nuestros pecados y fallas sin el confesar correspondiente de los bienes que están en nosotros por la fe en Jesucristo. ¿Cuántas veces ha oído testificar a alguien de su gratitud por el don de justicia que le hace tan justo como Dios mismo?

Nuestros maestros nos han enseñado mediante la implicación que hay virtud de confesar los hechos pecaminosos. Por consiguiente el cristiano serio se encuentra con una conciencia que está preocupada de sus pecados en vez de descansar en quien y en lo que el es en Cristo. En vez de experimentar la paz verdadera, lo que el consigue es un peso pesado de culpa sobre la mente que quita la confidencia primera que tuvo delante de Dios y los hombres. Se encuentra nuevamente esclavizado a los pecados y malos hábitos que antes fácilmente se los desvistió después de creer primeramente en Cristo. Ya se siente inútil y sin poder contra los ataques locos de tentaciones que le asaltan diario.

Queriendo ser honesto acerca de los pecados, empieza a darse cuenta (si no se rinde) que Satanás está usando la honestidad en contra de él, por hacerle enfocar su atención en los pecados en vez de la sangre que quita los pecados.

El diablo perturbará en su mente que los pecados son más grandes que el poder de la sangre de Jesús, y por eso, la sangre no es adecuada porque los pecados son tan numerosos y graves. El sufre mucho porque estuvo enseñado en una versión torcida del evangelio, y no aquel evangelio cual es el poder de Dios para salvación. Más bien que siendo una expresión de la fe en lo que Dios hizo por él mediante Cristo, su confesión está limitada a su propio estado miserable. No puede ver más allá de ello y velozmente se va la esperanza que su condición cambiará jamás. Se siente pegado y asume que está experimentando lo que Pablo describe en Romanos capítulo siete: *¡Miserable hombre de mí! ¿Quién me librará del cuerpo de ésta muerte?* Y, por supuesto que sus maestros han sido fieles a decirle que está viviendo la vida cristiana normal. Hermano, todos tienen su experiencia. Esto es pura mentira.

El diablo pondrá en acción su mejor esfuerzo para mantenerlo sin entender su propia identidad y exactamente lo que Dios hizo por él, mediante Cristo crucificado, sepultado y resucitado. Todo esfuerzo estará hecho especialmente para guardarlo de entender la significación de ser constituido justo. El creyente estará desanimado de preguntarse ¿qué quiere decir que Dios *nos hizo sentar en los lugares celestiales con Cristo Jesús?* O pensar en la necesidad de renacer; O, ¿qué quiere decir *si alguna está en Cristo, nueva criatura es?* En vez de esto el diablo le hará pensar que el cristiano no es perfecto, solo perdonado, nada más. Al fin éste pobre llegará a dudar que sea cierto que sea perdonado.

Bienvenidos, amigo, al mundo religioso y miserable de la justicia que es por las obras de la ley. ¡Fíjese en que miserable era el fariseo aun medio honesto! Tan pegados como eran ellos en el esfuerzo de establecerse como justos delante de Dios, y dándose cuenta de fallar en esto a excepción tal vez delante de los hombres, que no eran tan capaz de percibir la condición verdadera de ellos. Por lo menos, hasta que vino aquel Molestador y nos quitó la máscara. Fíjese, los nombres que nos llamaba. ¿No se dio cuenta de que forzado estábamos trabajando para sentirnos justos?

¿Que diremos pues? Que los Gentiles que no seguían justicia, han alcanzado la justicia, es a saber, la justicia que es por la fe; mas Israel que seguía la ley de justicia, no ha llegado a la ley de justicia. ¿Por qué? Porque la seguían no por fe, mas como por las obras de la ley: por lo cual tropezaron en la piedra de tropiezo, como está escrito: He aquí pongo en Sión piedra de tropiezo, y piedra de caída; y aquel que creyere en ella, no será avergonzado.

*Hermanos, ciertamente el anhelo de mi corazón y mi oración a Dios por Israel, es para salvación. Porque yo les doy testimonio de que tienen celo de Dios, pero no conforme a ciencia. **Porque el fin de la ley es Cristo, para justicia a todo aquel que cree.*** Romanos 9:30 hasta 10:4.

Los fariseos en Israel durante los días de Jesús han llegado al punto último de lo que pasa a la persona que está tratando a establecerse como justo por medio de guardar cualquier código legal. Probablemente, ellos comenzaron en su juventud lleno de celo e idealismo como el joven, Saúlo de Tarso. Puede leer su testimonio personal en la epístola a los Filipenses 3:4-9. Voy a notar una porción de estos versos: *Si alguno parece que tiene de qué confiar en la carne, yo más; circuncidado al octavo día del linaje de Israel, de la tribu de Benjamín, Hebreo de Hebreos; cuanto a la ley Fariseo; Cuanto al celo, perseguidor de la iglesia; cuanto a la justicia que es en la ley, irreprensible.*

Es importante que entendamos que ésta justicia irreprensible de Saúlo que es en la ley, es por medio de confiar y haber confianza en la carne. No requiere la fe en Dios, ni una relación actual con Él. Solamente que esté apareciendo muy bueno delante de los demás. Haga el favor de leer el capítulo entero de Mateo veintitrés. Jesús, hablando acerca de los Fariseos y escribas dice en verso cinco: *Antes, todas sus obras hacen para ser vistos de los hombres;* y verso quince: *¡Ay de vosotros, escribas y Fariseos, hipócritas! porque rodeáis la mar y la tierra para hacer un prosélito; y cuando fuere hecho, le hacéis hijo del infierno doble más que vosotros.* De éste verso podemos ver que Satanás tiene interés de promover aquella justicia que es conforme a la ley. El concepto mismo es del diablo. La serpiente lo fomentó en el Huerto de Edén. Y en el día de hoy el sigue promoviéndolo aun entre los hijos verdaderos de Dios para disminuir la efectividad y potencia de ellos. Cuando Pablo cayó en ésta trampa, él aprendió que: *queriendo yo hacer el bien, hallo ésta ley: Que el mal está presente conmigo.* Romanos 7:21.

¿Por qué mató Caín a su hermano, Abel? Fue porque Caín pensaba que sus obras eran suficientes. El no percibió nunca la presencia del mal en su corazón a causa de que el orgullo lo había cegado. Si el se hubiera dado cuenta de su condición sin esperanza, pues, movido de desesperación Caín pudiera haber cambiado el fruto de su campo por uno de los corderos de Abel. La fe le hubiera enseñado que merecía la muerte y que solo por ofrecer una vida inocente en lugar de la de él pudiera encontrar la esperanza. Pero, ¿qué dijo el apóstol Juan acerca de Caín? *Este es el mensaje que habéis oído desde el principio: Que nos amemos unos a otros. No como Caín, que era del maligno, y mató a su hermano.* I Juan 3:11 y 12. Y hebreos 11:4 nos dice que: *Por la fe Abel ofreció a Dios mayor sacrificio que Caín, por la cual alcanzó testimonio de que era justo, dando Dios testimonio a sus presentes.*

Jesús dijo: *La hora viene cuando los que matan a vosotros, pensarán que hacen servicio a Dios.* ¿Es muy extraño, verdad?, que los homicidas que matan a los santos verdaderos, actualmente piensan que son los siervos de Dios, haciendo la obra de Dios. La persona, que confía que sus propios buenos hechos son de tal mérito que puedan ganarle la bendición de Dios, últimamente buscará a destruir a la persona que es justa por la fe en Jesucristo. Gálatas 4:28 & 29.

Siendo hijos de Adán, ambos, Abel y Caín igualmente eran pecadores. Abel fue declarado justo sobre la base de su fe en ofrecer la sangre de vida de uno de los corderos, y no porque sea un buen hombre. Era tan perdido como Caín, mas desde que ya era justo (un estado de ser) por la fe, sus obras eran justas también. Sin fe, las obras de Caín fueron descritas ser malas. I Juan 3:12

Acuérdese del evangelio, ¿por qué hay poder en ello? No es porque andamos alrededor apareciendo muy buenos a otros. Es a causa de la revelación de la justicia de Dios. *Porque por las obras de la ley ninguna carne se justificará delante de él; porque por la ley es el cono-*

cimiento del pecado. Romanos 3:20. Claro que todas las religiones del mundo son fundadas sobre las obras. Esto incluye aun la versión falsa de la religión que se llama cristiandad. Aunque sea el nombre correcto, Jesús dijo, *tienes nombre que vives, y estás muerto.*

Mas ahora, sin la ley, la justicia de Dios se ha manifestado, testificada por la ley y por los profetas; la justicia de Dios por la fe de Jesucristo, para todos los que creen en él...Romanos 3:21 y 22.

La justicia de la ley se adquiere por las obras. La justicia de Dios es un don de gracia que está recibido por la fe. *Lo que ahora vivo en la carne, lo vivo en la fe hacia el Hijo de Dios... No desecho la gracia de Dios: porque si por la ley fuese la justicia, entonces por demás murió Cristo.* Gálatas 2:20 y 21.

Hemos visto que *el justo vivirá por la fe,* y es por la fe que andamos en el Espíritu, viviendo para el señor Jesucristo. *Digo pues: Andad en el Espíritu, y no satisfagáis la concupiscencia de la carne...Mas si sois guiados del Espíritu, no estáis bajo la ley.*

Quiero darle aviso acerca de una herejía vieja que se revivió en los años recientes y está enseñada del púlpito, por medio de revistas cristianas (?), y vía el radio. Este error dice que Cristo tuvo que guardar la ley para alcanzar justicia por si mismo y por nosotros. La naturaleza de Cristo ha sido justo siempre, ¿de que necesidad sería de cumplir con la ley para establecerse justo? Cuando Cristo dijo que vino para cumplir con la ley, él quería decir que él mismo sería el cumplimiento de la ley como profecía.

CAPITULO 8

Peligros de Auto-justicia

El creyente, quien ha estado engañado de confiar en los hechos buenos de la carne, con el tiempo, descubrirá que siempre está llevando una conciencia culpable. Hay un sentido constante de condenación y culpa que no le dejará descansar. Aun en los momentos mejores éste sentido o peso sobre la mente se hace conocido y la persona no puede experimentar reposo en su alma. Sin poder identificar o entender el problema, el sigue en su jornada espiritual padeciendo el dolor interior producido por medio de ésta decepción.

Para confrontar éste problema común, el apóstol Pablo hace una serie de preguntas comenzando de Gálatas capítulo tres, los versos uno hasta el cinco:

1. ¿quién os fascinó para no obedecer a la verdad, a vosotros ante cuyos ojos Jesucristo fue ya presentado claramente entre vosotros como crucificado?

2. ¿Recibisteis el Espíritu por las obras de la ley, o por el oír con fe?

3. ¿Tan necios sois? ¿Habiendo comenzado por el Espíritu, ahora vais a acabar por la carne?

4. ¿Tantas cosas habéis padecido en vano? si es que realmente fue en vano.

5. Aquel, pues, que os suministra el Espíritu, y hace maravillas entre vosotros, ¿lo hace por las obras de la ley, o por el oír con fe?

Por medio de oír la predicación fiel del evangelio de Jesucristo, los Gálatas fueron los recipientes de salvación y del Espíritu Santo de Dios. Sin embargo, fueron confundidos cuando llegaron los judíos predicando una versión falsa del evangelio. Gálatas 1:6-9. Si estos predicadores no fueron los mismos mencionados en Hechos 15:1, por lo menos eran iguales a ellos en doctrina. Estos legalistas dijeron a los Gálatas que tuvieron que continuar obedeciendo la ley de Moisés y estar circuncidados.

Cuando Pablo preguntó a los Gálatas, *¿habiendo comenzado en el Espíritu, ahora vais a acabar por la carne?*; ¿Qué quiere decir, "*por la carne?*" Para entender a lo que se está refiriendo, mire en su Biblia a Colosenses 2:16-23. Primeramente hace mención de la dieta de ellos diciendo, *Por tanto, nadie os juzgue en comida o en bebida.* Esto lo describe muy bien en Romanos 14:1-4. Vs. 2 ---*uno cree que se ha de comer de todo; otro, que es débil come legumbres. El que come, no menosprecie al que no come, y el que no come, no juzgue al que come; porque Dios le ha recibido.*

Un día había una mujer que llegó a nuestra casa para visitarnos. Nunca la había visto yo antes y sospecho que vino después de oír mi programa por la radio ¿QUE DICE LA BIBLIA? Mi esposa había hecho una pizza y nos sirvió una porción. La visitante empezó a sacar las piezas de carne que estaban en la pizza. Entonces ella comenzó a dar un sermón acerca de que los creyentes no deben comer carne. Aunque le enseñé varias escrituras que explicaron que desde los días después del diluvio no hubo restricción ninguna de comer carne, ella salió creyendo su error todavía.

Esta mujer tenía una actitud superior, pensando que ella era más justa que mi esposa y yo desde que ella no comía carne. Actualmente, ella estaba cautiva a su propia justicia. No se lo olvide que el poder de Dios se manifiesta por nosotros a causa de Su justicia que está en nosotros por medio de nuestra fe en Jesucristo. ¿Por qué es el evangelio el poder de Dios para salvación a todos los que creen? Es porque la justicia de Dios se revela por la predicación del evangelio verdadero. Romanos 1:16 & 17. Es el evangelio pervertido de buenas obras sin fe, sin relación viviente con el Señor Jesús, que también es sin el poder de Dios.

La segunda cosa que considera Pablo como medio de alcanzar auto justicia es por medio de guardar días especiales. Colosenses 2:16 dice: *Por tanto, nadie os juzgue en comida o en bebida, o **en cuanto a días de fiesta, luna nueva o días de reposo,**...* En los países predominantes Católico Romano hay una serie de quince días de feriados santos. El primero de estos días santos es para honrar la virgen de Guadalupe, por lo menos en América Central. La gente se viste con su ropa mejor y se ponen de pié por el lado de la calle para mirar cuando pase la imagen de la virgen hermoseada y adornada con una corona de oro, estando llevada sobre los hombros de hombres que han pagado al sacerdote para participar de tal manera.

La mujer, que no quería comer la carne, era Adventista del Día Séptimo. Además de comer solo verduras, ellos creen que es necesario guardar el día de Reposo, que es entre el tiempo de ponerse el sol viernes hasta el mismo tiempo del día sábado. Para ellos, el guardar del día de Reposo les da un sentido de justicia y virtud. Ellos creen que esto es agradable a Dios, pero Pablo sigue diciendo en el verso 17 del segundo capítulo de Colosenses, *todo lo cual es **sombra** de lo que ha de venir; pero el cuerpo es de Cristo.* En otras palabras, guardando los días especiales y los ritos según la ley es nada más que una sombra.

En el principio cuando mi esposa y yo creímos en Cristo, tuvimos respeto al día domingo, pensando en nuestra ignorancia que era un día muy especial a Dios. Yo no permitía que mi esposa fuera a la tienda para comprar pan o cualquier otra cosa aunque no hubiera suficiente para preparar algo de comer para llevar el lunes a mi trabajo. Esta manera de pensar era el motivo de la predicación del pastor y el ejemplo y actitud de los creyentes más maduros que nosotros. Era el estudio diario de las escrituras que nos libró de éste servidumbre al legalismo. La escritura que me impactó acerca de los días santos fue Romanos 14:5: *Uno hace diferencia entre día y día; otro juzga iguales todos los días. Cada uno esté plenamente convencido en su propia mente.*

Durante éste período mi esposa y yo estábamos estudiando el Español en un colegio local. Había ocasión cuando la maestra quiso que cada estudiante nombrara su día favorito de la semana. Además de nosotros había una joven Cristiana. Ella y mi esposa escogieron el domingo como su día favorito. Hablando por la fe en el entendimiento nuevo que tenía de las escrituras, respondí que todos eran iguales para mí. Creo que fue nuestro Padre Celestial que instigó la pregunta para darme la oportunidad de expresar por la fe éste entendimiento nuevo. Sin embargo, es necesario confesarle que éste nuevo entendimiento no me guardaba de pensar críticamente de los hermanos que no asistían la iglesia en los días domingo para cazar o pescar. Como la mujer que no comería la carne, yo secretamente pensaba que era superior a ellos que no guardaban los domingos para Dios.

La primavera de 1959 hubo una carpa grande de reunión en el sitio del Huerto del Rey veinte kilómetros al norte de Seattle, Washington. Nuestro pastor y su esposa nos invitaron a asistir una reunión con ellos y Daniel Ost, misionero a México. ¡Que glorioso estar allí con tantos hermanos Cristianos! El predicador aquella noche fue al hermano Maxwell, presidente del Instituto Bíblico del Llanura (Prairie Bible Institute) de Calgary, Alberta, Canadá. El nos dijo, Todos los que creen que la Biblia enseña abstinencia total de bebidas alcohólicas, pónganse de pie. Me pareció que todos se pusieron en sus pies, incluyendo mi esposa y yo. Que orgullo tuve, que yo pudiera estar de pie con tantos santos de Dios. Me sentí tan justo y tan bueno y mejor que los que todavía vivían en un estilo de vida pecaminosa de lo cual yo ahora era libre.

Era el fin de la semana siguiendo el día de Acción de Gracias de 1964 cuando yo iba a experimentar otra prueba de lo que estaba aprendiendo del Nuevo Testamento. Devolvimos el carrito para niños a un amigo quien insistió que entremos en la casa para conocer a otros miembros de su familia que eran Católicos Romanos que lo visitaban desde Detroit. Su Madre nos ofreció un vaso de vino. Le iba a decir no gracias, cuando el Espíritu Santo me dijo dile que sí.

Sentándonos opuestos de sus hermanos y sus esposas, el hermano mayor empezó a hacerme muchas preguntas acerca de mí vida Cristiana. Cada vez que una de las mujeres quisiera cambiar la tema, éste hermano volvía de nuevo a lo espiritual. El verano siguiente, asistiendo a una reunión en Seattle, nuestro amigo nos vio y de prisa vino para abrazarnos y darnos gracias por tomar el vino aquella noche meses atrás. Nos dijo si nosotros no hubiéramos tomado el vino, pues, su hermano no habría tenido pregunta ninguna para nosotros, sino hubiera pensado que éramos dos religiosos piadosos.

Después de ésta experiencia no salimos para comprar botellas de vino o cerveza. Dios nos estaba enseñando que nuestra justicia, posición y aceptabilidad delante de El, no era dependiente sobre el tomar o no tomar una bebida de alcohol. ¿Qué dirán ellos que han confiado que el rechazo del vino ha aumentado su justicia delante de Dios, cuando Jesús lo sirve a todos los santos en el Reino de Dios? Mateo 26:29.

En el día de hoy ésta clase de justicia legal está enseñado todavía, especialmente por los pentecostales y las iglesias de santidad. Oí a un pastor enseñar que el vino de la Biblia no era fermentado. Me pregunto cómo sería posible guardar el jugo de uvas de fermentar sin refrigeración. Dios hizo las uvas con una tapa delgada de levadura natural sobre la superficie de cada uva para asegurar que el jugo fermentaría para preservarlo por un tiempo largo.

Esta enseñanza básicamente está diciendo que *la ofrenda del cuerpo de Jesucristo hecha una vez para siempre,* no es suficiente para hacernos aceptables a Dios. Así, es necesario que cumplamos con varias reglas y requisitos de hombres que estimamos y añadimos a la obra de Cristo en la cruz. Pero, ¿Qué dice la Biblia?- *No deshecho la gracia de Dios; pues si por la ley fuese la justicia, entonces por demás murió Cristo.*

Los judaizantes modernos, quienes todavía quieren poner a los santos bajo la ley, justifican su doctrina por decir que estando sin restricción legal, los santos caerían en pecados y transgresiones. Esto demuestra la falta de confidencia de ellos en la muerte de Cristo y también en su Vida. *Porque si siendo enemigos, fuimos reconciliados con Dios por la muerte de su Hijo, mucho más, estando reconciliados, seremos salvos por su vida.* Romanos 5:10 - 8:2-4.

Es la persona religiosa que vive por medio de su sistema de reglas, sea musulmán, hindú, budista o cristiano. El cristiano verdadero, quien camina por la fe, vive por medio de la vida del Señor Jesucristo. *Con Cristo estoy juntamente crucificado, y ya no vivo yo, mas vive Cristo en mí; y lo que ahora vivo en la carne, lo vivo en la fe del Hijo de Dios, el cual me amó y se entregó a sí mismo por mí.* Gálatas 2:20.

Mediante su doctrina estos maestros de legalismo demuestran la falta de entendimiento de capítulo siete de Romanos. Si lo entendieran, pues se darían cuenta que poniendo a los santos bajo la ley, serían proveyendo el pecado con el poder necesario para sobrevenir y derrotar a los creyentes tiempo tras tiempo, hasta que estén completamente en desesperación de no ganar jamás la batalla contra los pecados *que nos asedia.* Hebreos 12:1 y Romanos 7:5,8,11; I Corintios 15:56. Enseñando que el cristiano todavía está bajo un principio legal y obligado a vivir por ello, anula gracia y revela que estos maestros son deshonestos acerca de sus propios pecados y no andan con Dios de corazón.

Cuando dejamos de andar por la fe, sin descansar en la salvación que Dios nos proveyó por Cristo, entonces la opción única que nos queda como último recurso sería un sistema de buenas obras exactamente como hicieron los creyentes de Gálatas. Otra vez nos sometimos a leyes y reglas para establecernos como justos. ¿Qué dice la Biblia? *Porque ignorando la justicia de Dios, y procurando establecer la suya propia, no se han sujetado a la justicia de Dios.* Romanos 10:3.

En vez de entender que la circuncisión fue dada a Abraham como señal de la justicia de la fe que tuvo, estando aún incircunciso, los judíos pensaban que el acto de circuncisión fue lo que hizo al hombre justo. Dios declaró justo a Abraham porque había creído la promesa de Dios para él. La Biblia dice: *Creyó Abraham a Dios, y le fue contado por justicia.* Génesis 15:4-6. Romanos 4:11. *...y no solamente con respecto a él se escribió que le fue contada, sino también con respecto a nosotros a quienes ha de ser contada, esto es, a los que creemos en el que levantó de los muertos a Jesús, Señor nuestro....*

Esto, probablemente, es el error principal en lo cual los poderes de las tinieblas quieren siempre traer al cristiano. Haciendo buenas obras aparte de fe, no molesta ni es un problema grande para Satanás. Lo que le constituye problema es cuando el cristiano aprenda como caminar por la fe en Cristo y lo que Cristo ha hecho por él, sin confiar en las buenas obras para hacerse más aceptable a Dios. Siempre hay que recordarnos que el poder de Dios se manifiesta en el evangelio a causa de la revelación de Su justicia por fe y para fe y no por obras. Dios no va a manifestar Su poder sobre el fundamento de nuestra justicia personal. Es por eso que el diablo quiere promover la justicia fundada sobre las obras del creyente y sus esfuerzos para agradar a Dios. Es Cristo quien ha agradado a Dios y la persona que anda por la fe en él que lo agrada también. *...sin fe es imposible agradar a Dios...* Hebreos11:6.

El apóstol Pablo nos avisa del peligro de confiar en obras o cualquier otro rito religioso, que puedan ganarnos algún mérito delante de Dios, cuando dice en Gálatas5:2: *He aquí, yo Pablo os digo que si os circuncidáis, de nada os aprovechará Cristo.* Lo que quiere decir Pablo es, si hay un hombre que está confiando en su circuncisión para ganar el favor de Dios, entonces Cristo no le aprovechará nada. *De Cristo os desligasteis, los que por la ley os justificáis; de la gracia habéis caído.* Gálatas 5:4 No se encuentra ningún verso que el creyente que ha pecado ha caído de la gracia. La gracia es para el culpable, quien ha pecado y lo confiesa y busca el perdón por la fe en la sangre de Jesús. Pero no hay necesidad de gracia por la persona que piensa que sus buenos hechos llevan más peso que las malas obras que ha hecho. Tal persona ha caído de la gracia.

Una razón por lo cual murió Cristo por nosotros fue para que Dios pudiera transformarnos a la imagen y semejanza de Su Hijo. *Sabemos que a los que aman a Dios, todas las cosas les ayudan a bien, esto es, a los que conforme a su propósito son llamados. Porque a los que antes conoció, también los predestinó para que fuesen hechos conformes a la imagen de su Hijo, para que él sea el primogénito entre muchos hermanos.* Romanos 8:28 - 29. Pero si nosotros nos desviamos de ésta gracia para las obras de la ley, pues, de nada nos aprovechará Cristo y la obra de Dios de conformarnos a la imagen de su Hijo termina. Fue por esto que Pablo dijo, *Hijitos míos, por quienes vuelvo a sufrir dolores de parto, hasta que Cristo sea formado en vosotros; Decidme, los que queréis estar bajo la ley; ¿no habéis oído la ley? No estéis otra vez sujetos al yugo de esclavitud.*

Estos versos son serios y llenos de esperanza. Es serio pensar que Cristo de nada nos aprovecharía ni tener efecto ninguno para nosotros. Sin embargo, nuestro Padre Celestial nos demuestra Su ternura hacia nosotros y dándonos esperanza, cuando nos llama por medio de Su apóstol, *hijitos míos.* Gracias, Padre. Mediante estas palabras, El está dándonos a saber que Le pertenecemos a Él todavía. En vez de desecharnos, Él nos dice, Bueno, ahora vamos a tratar esto de nuevo. Al fin, os he predestinado para que fuesen hechos conformes a la imagen de Mí Hijo. Así, descansan de todos tus propios esfuerzos para agradarme y escogen de nuevo el camino sencillo de creerme. Creen que la gracia mía es suficiente para vosotros sin la ayuda tuya. Créanme cuando os digo que os amo como antes. Y creen que Soy Yo que os estoy sosteniendo y no el opuesto.

Para todos los que han caído en el error de tratar de establecerse justos por medio de sus propios hechos y han dejado de andar con Dios por la fe, Pablo les hace esta pregunta: *¿Tantas cosas habéis padecido en vano? si es que realmente fue en vano.* Gálatas 3:4. Puedo contarle de mí propia experiencia, que cuando alguien está en aquella situación de sufrimiento, la persona no sabe la causa del sufrimiento. Sin duda el diablo está involucrado en su error y borra sus huellas para que su víctima no pueda entender lo que le ha pasado. Para hacerle sufrir más, el diablo le dará un sentimiento de condenación. Ya se siente culpable y bajo el peso de la maldición de la ley. Para escapar de ésta trampa la víctima tendrá que poner los ojos otra vez por la fe en la sangre rociada sobre el propiciatorio (silla de misericordia) que está en el cielo. Es la sangre sola que puede quitar los pecados, la condenación, la culpa, y la maldición de la ley.

La Biblia dice que la fe es la que nos da la victoria y la ley no es de fe. Los mandamientos de la ley son algo que hacemos no que creemos. *Los de la fe son bendecidos con el creyente Abraham. Porque todos los que dependen de las obras de la ley están bajo maldición, pues escrito está: Maldito todo aquel que no permaneciere en todas las cosas escritas en el libro de la ley, para hacerlas.* Gálatas 3:10. Fue Cristo crucificado que nos redimió de la maldición de la ley. *Para que en Cristo Jesús la bendición de Abraham alcanzase a los gentiles, a fin de que por la fe recibiésemos la promesa del Espíritu.*

Leímos que los que son de fe están bendecidos, mientras

que los que son de las obras de la ley están bajo la maldición. Yo puedo contarle que eso no es un lugar agradable en que estar. Ciertamente no es donde nuestro Padre Celestial quiere que estemos. Él quiere que descansemos tocante nuestra relación con Él. *En lugares de delicados pastos me hará descansar; junto a aguas de reposo me pastoreará.* Salmos 23:2 Que interesante que Dios tiene que hacernos descansar. Junto a aguas de reposo, no junto a aguas turbulentas. Por otra parte, es el diablo que nos quiere empujar para levantarnos a comenzar a trabajar en la carne y no por la fe.

Por ejemplo, cuando yo era cristiano principiante, pregunté a mí pastor si Dios me perdonaría más que una vez por el mismo pecado. Abrió su Biblia a Mateo 18:21 - 22. Después de leerlo, me quedé lleno de gozo. Sin embargo, más tarde aquella noche mientras yo estaba gozándome en el Señor, hubo un pensamiento que se levantó en la mente diciéndome: Recibiendo el perdón fue muy fácil, ¿verdad? Si vas a apreciarlo, entonces debe costarte algo. Respondí al pensamiento, sí, fue muy fácil. Quizá debe estar más difícil que eso si voy a apreciarlo suficiente. También, puedo contarle que el gozo se apagó de prisa.

Siendo cristiano principiante, no entendí lo que me pasaba. En mí ignorancia creí que los pensamientos eran míos. No sabía que los poderes de las tinieblas podían inyectar sus pensamientos en nuestra mente disfrazándolos como los nuestros. Por último, salí de ésta trampa por fe en la sangre de Jesucristo.

Recuerde que Jesús dijo: *Venid a mi todos los que estáis trabajados y cargados, y yo os haré descansar. Llevad mi yugo sobre vosotros, y aprended de mi, que soy manso y humilde de corazón; y hallaréis descanso para vuestras almas porque mi yugo es fácil y ligera mi carga.* Así, cuando el yugo empieza a frotar y estar pesado, pues, eso es indicio que no es de Jesús. La tentación es levantarnos de descansar en Él y ocuparnos de hacer algo para aliviar el peso y cargo vago de conciencia que pesa en la mente, acompañado de condenación. Al diablo todo nuestro esfuerzo estará bien agradable a el.

Si hemos pecado, debemos reconocerlo pronto y pedirle el perdón del Padre, darle gracias y seguir en pos de Él, reposando en la victoria de Cristo por la fe. Sin embargo, si está sufriendo en ésta manera y no está conciente de haber pecado, o después de recibir el perdón el peso se queda sobre la mente, entonces es muy posible que esté experimentando un ataque de los poderes de las tinieblas.

Esto requiere acción de su parte. Será necesario recoger el escudo de la fe en una mano y la espada del Espíritu, que es la palabra de Dios, en la otra. La "otra" será la boca. Yo le sugiero que comience por dar gracias al Padre por haberle redimido por medio de la sangre de Jesús y por adoptarle como Su propio hijo. Dile que te sometes a Él y a toda Su voluntad. También, que vas a resistir toda la actividad del diablo. Entonces habla directamente a los poderes de las tinieblas que salgan de ti y no te molesten más. Esté firme en sus palabras e insista que te obedezcan. Es posible que luego haya alivio. Si no, pues, dale gracias a Dios de todos modos. Siga usando la espada. Hay que llevar a la memoria los versos que describen lo que Dios ha hecho por nosotros por medio de Cristo Crucificado, sepultado, y resucitado. *Os escribo a vosotros, jóvenes, porque sois fuertes, y la palabra de Dios permanece en vosotros, y habéis vencido al maligno. I Juan 2:14.* También, versos como estos: *Gracias sean dadas a Dios, que nos da la victoria por medio de nuestro Señor Jesucristo. I Corintios 15:57;*

Mas a Dios gracias, el cual nos lleva siempre en triunfo en Cristo Jesús.... II Corintios 2:14. La victoria y el triunfo están en Cristo Jesús. Por esto dale gracias a Dios que ya estás en Cristo y que Cristo está en usted. *...vosotros sois de Dios, y los habéis vencido; porque mayor es el que está en vosotros, que el que está en el mundo.* Es mejor que hable con su voz y no en la mente.

En Efesios 2:6 Dios nos dice que *...juntamente con él nos resucitó, y asimismo **nos hizo sentar** en los lugares celestiales con Cristo Jesús.* Este verso es semejante al Salmo 23 cuando dice, *...**me hará** descansar.* En Efesios nos encontramos sentados juntamente con Cristo en los lugares celestiales. Esto es nuestra posición ahora. No tenemos que esperar hasta que muramos para estar allí. No, ahorita estamos sentados con El. Está aquí en los cielos donde tenemos nuestra ciudadanía. Cuando nacimos de nuevo, nacimos de arriba en el Espíritu. Por eso somos hijos de una patria celestial. Y todo esto porque estamos en Cristo. ¿Cómo llegamos a estar en Cristo? *Mas por El (Dios) estáis vosotros **en** Cristo Jesús....* I Corintios 1:30. No somos más de éste mundo. *Yo les he dado Tu palabra; y el mundo los aborreció, porque no son del mundo, como tampoco yo soy del mundo.* San Juan 17:14

El asiático, Watchman Nee, siervo de Dios, lo dijo muy bien: Estamos firmes (contra la tentación y los poderes de las tinieblas) cuando nos sentemos mejor. Es cuando el diablo nos hace levantarnos en la carne que nos quedamos vencidos, porque esto es una expresión de incredulidad. *...nuestra fe es la victoria....*

Hay un secreto para vivir la vida victoriosa en Cristo, pues, es por medio de reconocer la realidad de estar sentado en Cristo en los lugares celestiales y descansar por la fe en esa posición. Esto es el lugar del reposo mencionado en Hebreos 4:3-11. *Pero los que hemos creído entramos en el reposo; Porque el que ha entrado en su reposo, también ha reposado de sus obras, como Dios de las suyas.* Recuerda, hermano amado, que el diablo quiere movernos de andar de tal manera por la fe. El siempre quiere que nosotros estemos bajo tensión y presión para aprobarnos en los ojos de Dios en vez de descansar en la obra consumada de Jesucristo una vez por siempre. *Procuremos, pues, entrar en aquel reposo.*

CAPITULO 9

La Creación Vieja y Nueva

Me gustaría creer que los lectores han leído el Nuevo Testamento y entienden lo que constituye la Iglesia. Sin embargo, en caso que mi creencia no sea correcta, voy a citarle unas escrituras pertinentes para clarificárselo. Es menester que lo entienda, porque quiero usar éste concepto para llevarlo a un punto de entendimiento que no es común oírlo enseñado ni bien comprendido de muchos cristianos. Por lo menos no los que he encontrado. Aunque está allí delante de nuestros ojos, me llevó veinte años para verlo.

En el principio de mi vida cristiana yo pensé que la iglesia era el edificio donde los cristianos se reunían. Me parecía que todos los demás pensaban lo mismo. Estudiando la Biblia, empecé a entender que la Iglesia era algo llamado el cuerpo de Cristo. Por ejemplo, Colosenses 1:18 dice que, *Él es la cabeza del cuerpo, la Iglesia.* Efesios 1:22-23 dicen,--Dios----*lo dio por cabeza sobre todas las cosas a la iglesia, la cual es su cuerpo*--.

Ahora lea, por favor I Corintios 12:12 hasta el fin del capítulo. Aquí vemos que la iglesia, que es el cuerpo de Cristo, está comparada al cuerpo humano. Igualmente como nosotros tenemos muchos miembros que funcionan bajo la dirección de la cabeza, así es el cuerpo de Cristo. Si usted puede imaginar un cuerpo en que Cristo está andando, hablando, y extendiéndose a la gente por todo el mundo, pues, tendrá idea de lo que constituye la Iglesia. Como nuestro espíritu anima nuestro cuerpo, el Espíritu de Cristo anima el suyo. La vida de Cristo está en cada miembro de su cuerpo. Si no, pues, aquella persona no es de Él. No está en el cuerpo de Cristo. No lleva en él la vida de Cristo que es la vida eterna. I Corintios 12:12; Romanos 8:9.

Leemos en I Corintios 12:13 que el Espíritu Santo nos bautizó en el cuerpo de Cristo. En aquel momento en lo cual creímos, fuimos hechos parte de Él. No solamente la parte espiritual, sino nuestro ser entero fue inmergido en Cristo como dice en I Corintios 6:15: *¿No sabéis que vuestros **cuerpos** son miembros de Cristo?* Esto es tan maravilloso de contemplar. Me gusta verme empotrado completamente en Él.

Ahora que entiende que la Iglesia somos nosotros, vamos a usar éste conocimiento para lanzarnos a lo que sea un tema nuevo para usted. Va a notar que algunas de las cosas de que hablaremos, ya han estado mencionado en capítulos anteriores. Espero que estos pensamientos junten los temas de tal manera que le demostrarán cuanto corresponden las escrituras desde el principio hasta el fin.

Recuerda que discutimos el hecho que Jesús nació como el **segundo hombre y el postrer Adán**. I Corintios 15:45 Y 47. *El primer hombre* (Adán) *es de la tierra, terrenal; el segundo hombre, que es el Señor, es del cielo.* Desde que se refiere a Jesús como el segundo hombre y no hay mención del tercero, pues, esto quiere decir que hay solo dos hombres de muchos miembros en el mundo, el primero y el segundo.

Hemos aprendidos en éste capítulo que la persona quien ha creído en Jesucristo fue colocado en Cristo por el Espíritu Santo. Si ya estamos en Cristo, el segundo hombre, ¿Dónde estábamos antes? Tiene razón, estábamos en el primero quien es de la tierra, terrenal. En otras palabras, Adán, semejante a Cristo, es un hombre de muchos miembros que todavía están caminando en el mundo. *...en Adán todos mueren, también en Cristo todos serán vivificados.* I Corintios 15:22.

Antes de ser bautizados en el cuerpo de Cristo, estábamos en el cuerpo de Adán. Antes de que viniera Cristo, había solo un hombre y todo el mundo estaba en él. Adán es semejante a una mansión grande en la cual todos los pueblos del mundo nacían, vivían y morían.

¿Qué hemos aprendido acerca del primer hombre? Sabemos que a causa de su desobediencia a Dios, el pecado y la muerte pudieron entrar en el mundo Romanos 5:12. Aprendimos que el pecado corrompió la naturaleza del primer hombre y todos los que estaban en él. Romanos 5:19. Ya no es más el hombre inocente que Dios había hecho. Ahora tenía la constitución o naturaleza del pecador y era sujeto a la muerte. *El alma que peca morirá.* Ezequiel 18:4. Por medio de su desobediencia transgredió la ley, la única ley que le fue dada. Dios le había dicho que *...del árbol de la ciencia del bien y del mal no comerás; porque el día que de él comieres, ciertamente morirás.*

Habiendo transgredido la ley, tuvo la culpa de ser trasgresor. Era un hombre bajo la condenación, juicio y la sentencia de la muerte. Es por eso que la Biblia dice que *en Adán todos mueren.* Así, no es el hombre, Adán, solo que está bajo la pena de muerte, sino todos los que están en él. Romanos 5:18. Todos, que no escapan mediante la fe en Jesucristo del primer Adán, perecerán. Recuerda la analogía de Adán siendo semejante a una casa grande. Una noche mientras todos duermen, la casa se incendia, todos van a perecer solo porque estaban en la casa. Si había algunos que trataban bien a sus vecinos o eran ladrones, todos van a morir porque no salieron de la casa.

Si es el Espíritu de Dios que anima el cuerpo de Cristo, ¿quién piensa usted es aquél que anima el cuerpo de Adán? *...cuando estabais muertos en vuestros delitos y pecados, en los cuales anduvisteis en otro tiempo, siguiendo la corriente de éste mundo, conforme al* **príncipe de la potestad del aire**, *el espíritu que ahora opera* **en** *los hijos de desobediencia....* Efesios 2:1 y 2. Estos son los hijos de la desobediencia de su padre, el primer Adán. Este príncipe de la potestad del aire es Satanás, a quien el apóstol Pablo refiere como *el dios de éste siglo.* II Corintios 4:3 y 4.

Si no está muy familiarizado con II Corintios 4:3-4 pues, léalo por favor. Verso cuatro nos enseña que Satanás *cegó el entendimiento de los incrédulos,* los que todavía están en Adán. Sin embargo, mediante la predicación y enseñanza del evangelio, el Espíritu de Dios puede quitar ésta ceguera para que la luz pueda penetrar la mente. Cuando Cristo venga al mundo para reinar como rey, El va a quitar el velo que cubre la mente de todos los pueblos. Isaías 25:7-9. A causa de éste velo que está sobre el intelecto, toda la gente está viviendo en un mundo de fantasía. La decepción es tan completa que ellos piensan que es lo real. Pero la persona que tiene los ojos abiertos, se da cuenta que es un mundo que va a pasar. *---no mirando nosotros las cosas que se ven, sino las que no se ven; pues las cosas que se ven son temporales, pero las que no se ven son eternas.* II Corintios 4:18.

Mientras nosotros, que estamos en Cristo y esperamos su regreso, hemos sido comisionados para ser testigos de la obra de Dios en nuestra vida y de la verdad del evangelio. El propósito de éste ministerio es *...abrir los ojos del pueblo para que se conviertan de las tinieblas a* *la luz y de la potestad de Satanás a Dios; para que reciban, por la fe que es en Mí, perdón de pecados y herencia entre los santificados.*

La Biblia nos enseña que Dios tiene un reino llamado el reino de la luz. También, Satanás tiene su reino que se llama el reino de las tinieblas. Mateo 12:26 y Colosenses 1:12-13. El segundo verso en el primer capítulo de Colosenses nos informa que Pablo está escribiendo *a los santos y fieles hermanos en Cristo.* Los versos 12 -13 nos explican que Dios *...nos ha librado de la potestad de las tinieblas, y trasladado al reino de su amado Hijo.*

Recuerda que Jesús dijo en San Juan 3:3, *...de cierto, de cierto te digo, que el que no naciere de nuevo, no puede ver el reino de Dios;* y verso 5-*de cierto, de cierto te digo, que el que no naciere de agua y del Espíritu, no puede entrar en el reino de Dios.* El agua a la que Jesús se refirió es el fluido amniótico que envuelve el feto en el útero. Antes de nacer la criatura, hay un chorro de líquido. En los Estados Unidos se dice que, -se le rompió su fuente-. Esto es la significación del agua en I Juan 5:6. *Este es Jesucristo, que vino mediante agua y sangre; no mediante agua solamente, sino mediante agua y sangre.* Juan escribió esto para demostrar que Jesús era un ser humano de veras. Que El no se cayó del cielo como se dice de los dioses de los griegos, sino nació de mujer. El era un hombre de carne y sangre como nosotros. Jesús explicó a Nicodemo que el nacer de agua era igual de nacer de la carne; *Lo que es nacido de la carne, carne es; y lo que es nacido del Espíritu, espíritu es.*

Cada uno de nosotros entra al mundo nacido de la carne, nacido de agua, nacido en Adán, nacido en el pecado, nacido en las tinieblas espirituales, nacido bajo la influencia engañosa de Satanás, nacido condenado y destinado a perecer. *Pero Dios, que es rico en misericordia, por su gran amor con que nos amó, aun estando nosotros muertos en pecados, nos dio vida juntamente con Cristo (por gracia sois salvos).* Cuando creemos en el Señor Jesucristo, que El es el Hijo de Dios, somos nacidos de nuevo. Sin embargo, éste nacimiento es del Espíritu.

Antes de que Dios nos diera vida juntamente con Cristo, estábamos *muertos en nuestros delitos y pecados,* ahora estamos vivos para Dios y toda la naturaleza vieja fue dejada atrás en el sepulcro. No estamos más en Adán. Ya, estamos en Cristo. Toda nuestra historia pasada en Adán terminó, incluyendo la creación vieja, nuestra conexión a su desobediencia, su condenación y juicio y sumisión a Satanás. ¿Comprende esto? Que las cosas viejas terminaron. *De modo que si alguno está en Cristo, nueva criatura es; las cosas viejas pasaron; he aquí todas son hechas nuevas.* II Corintios 5:17.

Al instante el Espíritu Santo nos sacó de Adán y nos bautizó en Cristo así que ahora somos miembros de su Cuerpo. *Porque por un solo Espíritu fuimos todos bautizados en un cuerpo. Vosotros, pues, sois el cuerpo de Cristo, y miembros cada uno en particular. Habiéndoos despojado del viejo hombre con sus hechos, y revestido del nuevo.* I Corintios 12:13 y 27; Col. 3:9-10.

I Corintios nos da ejemplos de los hechos de los que todavía están en Adán. *¿No sabéis que los injustos no heredarán el reino de Dios? No erréis; ni los fornicarios, ni los idólatras, ni los adúlteros, ni los afeminados, ni los que se echan con varones, ni los ladrones, ni los avaros, ni los borrachos, ni los maldicientes, ni los estafadores, heredarán el reino de Dios.*

En verso once de I Corintios capítulo seis Pablo nos revela tres de las cosas más básicas que nos ocurren a nosotros por medio de creer en Cristo: 1. *mas ya habéis sido lavados;* 2. *ya habéis sido santificados;* 3. *ya habéis sido justificados, en el nombre del Señor Jesús, y por el Espíritu de nuestro Dios.*

No solamente esto, mas nuestro estado de ser ha experimentado un cambio completo y radical. *Porque así como por la desobediencia de un hombre los muchos fueron constituidos pecadores,* **así también por la obediencia de uno, los muchos serán constituidos justos.** Este verso nos explica claramente que por medio de un acto de comer del árbol de la ciencia del bien y del mal los muchos fueron constituidos (hechos) pecadores, así también por medio de un acto de obediencia cuando Cristo se entregó en la cruz, los muchos serán constituidos justos.

Es interesante notar que no tenemos ningún problema de ser constituidos pecadores por medio de la desobediencia de Adán, sino siendo constituidos justos, que es decir que ya tenemos una naturaleza que es justa, esto nos cuesta creer. Aún hermanos piadosos aparentemente han absorbido parte de su teología de fuentes aparte de la Biblia. Sin duda una fuente sería los escritos de los hermanos estimados de los tiempos pasados que no tenían un entendimiento completo. Por ejemplo, cuando mi esposa y yo estábamos recién convertidos, había un dicho o expresión: UN MANTO DE JUSTICIA; Y VESTIDO EN SU JUSTICIA.

¿Puede ver la diferencia entre SIENDO CONSTITUIDO JUSTO, que es decir, teniendo una naturaleza que ya **es** justa y simplemente **estando** VESTIDO EN SU JUSTICIA? Quiero sugerirle que éste punto solo es el corazón de la herejía Católica Romana. En otras palabras según la doctrina católica, nuestra relación vieja en Adán no fue terminada por la muerte de Cristo. Y no sólo esto, mas su sacrificio no borró o quitó nuestros pecados ni sus manchas. Así, el pensamiento de ellos es que Dios nos proveyó con un manto de justicia para cubrir las manchas de los pecados y nuestra naturaleza pecaminosa. Por medio de éste cubierta, dicen ellos, nuestras maldades se hacen aceptables a Él porque no se ven. Pero bajo el manto están las manchas y pecados todavía, a más de una conciencia culpable. Este modo de pensar es pura herejía.

Cuando yo era joven, tenía palomas de carreras. Cada año yo limpiaba las paredes del palomar. Entonces hice una mezcla de cal y agua y la apliqué a las paredes. Esta se llama lechada o blanqueadura. Cuando terminé, las paredes parecían lavadas y blancas. No va a divinar que bajo el cubrimiento blanco estaban todavía las manchas de la suciedad anterior. Esto nos hace preguntar a nosotros que somos cristianos, ¿estamos lavados blancos o solamente blanqueados?

Si nosotros, siendo creyentes, solamente estamos cubiertos con una capa blanca, pues, estamos blanqueados. Sin embargo, si los pecados y las manchas están completamente quitados, estamos limpios completamente. I Epístola de Pedro 2:24 nos enseña que Cristo *llevó él mismo nuestros pecados en su cuerpo sobre el madero*. Si Cristo los quitó de nosotros y los llevó en su cuerpo en la cruz, entonces, esto quiere decir que no los tenemos más. Los pecados ya no están más. Ya no hay mancha ninguna que necesita estar cubierta con un manto de justicia.

¿Recuerda usted, que los sacrificios de animales descritos en el Antiguo Testamento eran figuras y sombras del sacrificio verdadero? Este era el Señor Jesucristo, el

Cordero de Dios. La epístola a los Hebreos 10:4 hace éste comentario acerca de los sacrificios de animales: *...la sangre de los machos cabríos no puede quitar los pecados.* Este pensamiento se repite en verso once: *y ciertamente todo sacerdote está día tras día ministrando y ofreciendo muchas veces los mismos sacrificios, que nunca pueden quitar los pecados.* Entonces el autor nos dice en verso 12: *pero Cristo, habiendo ofrecido una vez para siempre un solo sacrificio por los pecados, se ha sentado a la diestra de Dios.* Y Hebreos 9:25 y 26 hablan del mismo tema: *y no para ofrecerse muchas veces, como entra el sumo sacerdote en el Lugar Santísimo cada año con sangre ajena. De otra manera le hubiera sido necesario padecer muchas veces desde el principio del mundo; pero ahora, en la consumación de los siglos, se presentó una vez para siempre por el sacrificio de sí mismo para quitar de en medio el pecado.* Mediante un solo sacrificio, Cristo quitó todos los pecados de todos los pueblos del mundo.

Es claro que estos versos de Dios no hablan de cubrir nuestros pecados, sino los quita de nosotros. En vez de cubrirnos con un vestido de justicia, Dios nos hace SER Su propia justicia. *Al que no conoció pecado, por nosotros lo hizo pecado, para que nosotros fuésemos hechos justicia de Dios en Él.* II Corintios 5:21. Esta justicia es dada al creyente por la sangre de Jesucristo. Es imposible hacer méritos para lograrla. *Pues si por la trasgresión de uno solo reinó la muerte, mucho más reinarán en vida por uno solo, Jesucristo, los que reciben la abundancia de la gracia y del don de la justicia.* Romanos 5:17.

Si nos encontramos luchando contra un sentido de condenación y culpa y sabemos que no hemos pecado, pues, es posible que inconcientemente estamos tratando de hacernos a nosotros mismos aceptable a Dios aparte de

Cristo. Dios nos va a dejar en ésta situación hasta que el dolor, angustia y desesperación sean suficiente para empujarnos para creerle y reposar en la justicia de Él que ya fue dada a nosotros. También, es posible (aunque no tiene que ser) que habrá menester pasar por ésta experiencia varias veces hasta que aprendamos bien a confiar en Él y Su justicia. Este era el error que los Judíos hacían siempre. *Porque ignorando la justicia de Dios, y procurando establecer la suya propia, no se han sujetado a la justicia de Dios.*

Hay otra manera de pensar de éste tema acerca de ser lavado y separado de nuestros pecados. Antes de seguir leyendo, quiero sugerirle que vuelva atrás al segundo párrafo de página veinte y siete y lea hasta el fin del segundo párrafo de página veinte y ocho.

En la misma manera que Adán es figura o tipo de Cristo, Eva es figura de la iglesia. Cuando Dios hizo caer sueño profundo sobre Adán, y tomó una de sus costillas para hacer* una mujer, Adán era un hombre sin pecado. Eva, pues, no tenía historia ninguna de pecado. Ella se quedaba absolutamente libre de cualquier contaminación de pecado. Es lo mismo con el cuerpo de Cristo que es la iglesia. Cuando Jesús estaba en el profundo sueño de muerte en la cruz, Dios mandó un soldado para abrir el lado con su lanza. De la apertura derramó agua y sangre. Otra ayuda idónea nació. Ahora Dios tenía lo necesario para hacer una mujer para el Postrer Adán. Semejante a Eva, ésta mujer también, tuvo su origen de un hombre que no conoció pecado. Esta mujer no tiene conexión ninguna con el primer Adán y su pecado.

*La palabra en el hebreo es *banah*, que quiere decir *construir o edificar*. Dios iba a *construir* ayuda idónea para el primer Adán de la misma sustancia y vida de él. Es igual con Cristo y la iglesia. Efes. 2:19-22; I Ped. 2:4-5

I Corintios 15:47-49 nos dice que *el primer hombre es de la tierra, terrenal; el segundo hombre, que es el Señor, es del cielo. Cual el terrenal, tales también los terrenales; y cual el celestial, tales también los celestiales. Y así como hemos traído la imagen del terrenal, traeremos también la imagen del celestial.*

Cuando entramos en el mundo, nacimos de la carne de un hombre que es de la tierra. Cuando nacimos del Espíritu, nacimos de un Hombre que es del cielo. El verso 48 nos enseña que éramos terrenales primeros como nuestro padre Adán. Sin embargo, cuando nacimos de nuevo o mejor decir, de arriba, nuestra relación previa al primer hombre fue deshecha. Quiero decirles que ésta relación se refiere como el viejo hombre que fue crucificado con Cristo. *Sabiendo esto, que nuestro viejo hombre fue crucificado juntamente con él, para que el cuerpo del pecado sea destruido, a fin de que no sirvamos más al pecado.* También, quiero decirles que éste cuerpo de pecado, que nosotros heredamos del primer Adán, podía expresarse por medio de nuestro viejo hombre.

Ahora, no somos más de la tierra; no somos más terrenales, sino somos del cielo; somos ya celestiales. Como dijo Jesús en su oración: *Yo les he dado tu palabra y el mundo los aborreció, **porque no son del mundo**, como tampoco yo soy del mundo.* Así, la mujer segunda no es de la tierra, sino es del cielo. Ella no es terrenal, sino celestial. Por eso la Biblia dice que *nuestra ciudadanía está en los cielos...* Filipenses 3:20.

Pienso que debemos averiguar éste tema aun más. Hay que darse cuenta que será necesario pedirle a Dios que *le dé espíritu de sabiduría y de revelación en el conocimiento de Él, alumbrando los ojos de vuestro entendimiento, para que sepáis cuál es la esperanza a que El os ha llamado, y cuáles las riquezas de la gloria de su herencia en los santos.* Por medio de contestar la pregunta: ¿Porqué llamó Adán a la ayuda idónea, que Dios le hizo, **varona**? La respuesta de ésta pregunta nos revelará la importancia de nuestro origen.

Vamos a citar Génesis 2:18-24:

*Y dijo Jehová Dios, No es bueno que el hombre esté solo; le haré ayuda idónea para él. Jehová Dios formó **pues**, de la tierra toda bestia del campo, y toda ave de los cielos, y las trajo a Adán para que viese cómo las había de llamar; y todo lo que Adán llamó a los animales vivientes, ese es su nombre. Y puso Adán nombre a toda bestia y ave de los cielos y a todo ganado del campo; mas para Adán no se halló ayuda idónea para él.*

Hay que comentar en estos versos antes de continuar. Después de decir Jehová que no es bueno que el hombre esté solo, entonces la Biblia dice que Jehová Dios formó **de la tierra** toda bestia del campo, y toda ave de los cielos, y las trajo a Adán para que viese cómo las había de llamar. Dios tenía mucho interés de ver cómo había de llamar a los animales Adán, porque el nombre determinaría cual de los animales calificaría como ayuda idónea. Sin embargo, hemos visto que después de nombrar todos los animales, no se le quedó ninguno por ayuda idónea para Adán. ¿Por qué? Porque no fue nombrado ninguno de ellos el nombre correcto.

Entonces Jehová Dios hizo caer sueño profundo sobre Adán, y mientras éste dormía, tomó una de sus costillas, y cerró la carne en su lugar. Y de la costilla que Jehová Dios tomó del hombre, hizo una mujer, y la trajo al hombre. ¿Por qué trajo Dios al hombre a la mujer? ¡Claro! Para ver cómo la había de llamar.

Entonces dijo Adán: Esto es ahora hueso de mis huesos y carne de mi carne; ésta será llamada Varona, porque del varón fue tomada*. Por tanto, dejará el hombre a su padre y a su madre, y se unirá a su mujer, y serán una sola carne. Eva fue hecha de la sustancia de Adán y recibió la vida de él. Ella no fue hecha de la tierra como los animales. No dice la Biblia que Dios sopló en ella aliento de vida. No había necesidad, desde que ella participaba directamente en la vida de Adán.

Es semejante con nosotros que estamos en Cristo. Nosotros también estamos participantes de su cuerpo, de su carne y de sus huesos. Efesios 5:30-32. Nuestra vida nueva también es de Cristo. Colosenses 3:4. Al ojo de fe no somos más de éste mundo, sino del cielo. Igual, como la mujer primera fue tomada del varón, así también fue tomada la segunda de Cristo. Hay que darnos cuenta que solo lo que fue tomada de Cristo, puede llevar el nombre correcto para ser la ayuda idónea de él.

Como el primer Adán es la cabeza de la creación vieja, así también el postrer Adán es la cabeza de la creación nueva. Por eso, *Si alguno está en Cristo, nueva creación es; las cosas viejas pasaron; he aquí todas son hechas nuevas. Y todo esto proviene de Dios, quien nos reconcilió consigo mismo por Cristo....*

*TOMADA: ¿No le parece extraño que la Biblia use el verbo, tomar en vez de sacar? Averiguando esto, descubrí que tomar tiene muchas maneras de emplear. Entre todas, tomar está usado para indicar el origen de algo. Es obvia que Eva no fue sacada de Adán en su forma completa, sino solo suficiente sustancia viviente para comenzar a edificar la persona entera. La creación de la Iglesia es semejante. Desde la herida abierta del lado de Cristo hasta el día de hoy, la ayuda idónea celestial se va a edificando para una Varona completa y gloriosa.

CAPITULO 10

Cosas personales

Uno de los puntos más importantes que el diablo quiere esconder de nuestro entendimiento es cuán completamente Dios nos ha salvado. Porque no somos más la clase de gente que éramos. Él hace turbio el entendimiento por medio de insertar pensamientos malos, las emociones de malos sentimientos, y nos tienta de actuar según ellos. Aun si no conducimos según las tentaciones, a veces el diablo nos acusa sin cesar. Su objetivo es hacernos pensar que las escrituras no quieren decir de veras lo que están diciendo. Por medio de poner nuestra atención en nosotros mismos y nuestros pecados en vez de la Palabra de Dios, el diablo puede debilitar nuestra fe y destruir nuestra confianza en Dios.

En el día de hoy hay tantas personas ocupando los púlpitos que no deben estar allí. Ellos están ayudando al diablo de mantener a la gente confundida acerca de quienes son en Cristo y que posición tienen delante de Dios. Estos pastores siempre están recordando a la gente que están susceptible a pecar y no podrán *parar, mientras al mismo tiempo les mandan que deben dejar de pecar. Estos ministros falsos exhiben más confianza en la habilidad del creyente a caerse que en el poder de Dios de guardarnos de caer. Judas 24.

*Esto fue uno de las primeras cosas que me dijeron a mí después de ser salvo. Haroldo, tu seguirás pecando. Cuando oí esto, también oí de mi parte interior un gran clamor, Noooooooooooooooo.

Acerca de la guerra espiritual, he llegado a ver que es más importante que conozcamos quienes somos en Cristo y expresarlo por la boca que lo que hacemos.

Porque lo que hacemos es la fruta o el producto de lo que somos. El manzano lleva manzanas a causa de lo que es. Cuando yo hago algo que no sea conforme al carácter de Cristo, digo a Dios que estoy de acuerdo con Su juicio de tal conducto y lo consigno a la sangre y muerte de Cristo. Le doy gracias que me ha puesto en Cristo y me hizo sentar en los lugares celestiales con Él. También le doy a Él a saber que tengo gratitud que yo no soy más de éste mundo.

Un día, siendo un cristiano principiante, de repente me encontré en una situación en mí trabajo de estar confrontado con mujeres jóvenes que tenían sus cuerpos bien expuestos a causa del cambio del estilo de vestirse. Esto me dio mucho dolor y empecé a buscar otra senda para evitar ésta área. Mientras que lo hacía, un día el Espíritu Santo me citó un verso de la Biblia, II Timoteo 2:1, *...hijo mío, esfuérzate en la gracia que es en Cristo Jesús.* No me dijo que debo forzarme más, ni querer más, ni tener cuidado para guardar la ley, sino esfuérzate en la gracia que es en Cristo Jesús. *Por medio de Jesucristo tenemos entrada por la fe a esta gracia en la cual estamos firmes,...Romanos 5:2.*

No había nada de la enseñanza ni la predicación que oía en nuestra iglesia que me enseñaba como esforzarme en la gracia de Dios. Lo que oía los domingos puso un peso pesado sobre mi espíritu y un sentido de no lograr, lo cual me trajo condenación. Requirió tres o cuatro días para librarme y quedar libre de nuevo. Creo que a causa de éste legalismo he gastado la mayoría de la vida cristiana viviendo una experiencia subnormal para un creyente verdadero en Jesucristo. Aún durante los tiempos buenos había algo que no estaba bien. El diablo me encontraba un blanco débil y disfrutaba mucho en hacerme sufrir. La maravillosa era que Dios me hacía saber que estaba conmigo. Esto lo hacía por contestar mis oraciones, algunas veces de tal manera extraordinaria. Él llenaría las copas de otros mediante mis palabras, sin embargo, al mismo tiempo yo estaría sufriendo en secreto. Era difícil para mí entender como alguien podría estar bendecido por medio de mis palabras.

Atrás en la década de los 80' me arrodillé y rogué a Dios que me llevara adelante en ésta vida cristiana a toda costa y me dejara llevar el precio si fuera necesario. Al pasar unos meses después de orar, me parecía que todo lo que yo había conocido como cristiano estaba saliendo de mí y no me quedaba el poder para frenarlo. Esto era solo el principio. Después de siete o ocho años un día mientras yo oraba, me di cuenta que había una parte de mí que quería sentir el toque de Dios. Creo que era el Espíritu Santo que me guió a pedirle a Dios que no me tocara para darme un sentido de Su presencia conmigo, ni cualquier sentido de estar bendecido en mi alma. Le dije que yo estaba allí por Él y no para algún premio para mí mismo. No me di cuenta que iba a quitarme estas cosas de manera continua.

Durante otro siete u ocho años la experiencia cristiana como yo la había conocido siguió retrocediéndose de mí. Comencé a caer en hábitos pecaminosos. Por ejemplo, un día expresé una crítica a mi esposa acerca del chofer del carro enfrente de nosotros. Percibí una represión suave adentro de mí y decidí que no debo hacerlo de nuevo. Sin embargo, mientras estábamos en el tráfico el día siguiente lo repetí. Después de varias semanas yo no podía manejar sin ver los otros chóferes haciendo toda clase de error de manejar. Aquella noche confesé a mi esposa que desde un principio pequeño, algo me agarró que yo no podía controlar. Orando juntos Dios quebró éste servidumbre de demonios.

A pesar de ésta victoria seguí con dudas acerca de la relación con Dios. El enemigo me oprimía cuando quería y no tenía la fuerza espiritual para oponerlo. Pensamientos me llegaron que yo era uno de los pámpanos quitados de la vid y echados al fuego. El comportamiento seguía empeorando. Muchos sentimientos y pensamientos pecaminosos me asaltaban diario. De cierto el Señor se había apartado de mí. Cuando tuve éste pensamiento, me acordé de una experiencia más que hace cuarenta años. Yo decía a mí pastor que me parecía que Dios me había dejado. El pastor me respondió que yo había hablado bien, porque solamente parecía así. Decidí creer que Dios estaba conmigo todavía. Isaías 41:10 *No temas, porque yo estoy contigo.*

Era en éste período que un día extendiendo la mano para tomar la Biblia, el pensamiento me vino que debo leerla en la versión de español. La abrí en el medio y empecé a leer de Jeremías 31:3 *Jehová se manifestó a mí hace ya mucho tiempo, diciendo: Con amor eterno te he amado; por tanto, te prolongué mi misericordia.* Yo no podía recordar leyendo tal verso en el inglés. Al encontrarlo en inglés, descubrí que la primera parte era igual al español, sino el resto se cambió, diciendo: *Yo te he amado con un amor que permanece para siempre; por eso te he atraído con bondad de amor.*

Hay diferencia importante entre lo eterno y lo que permanece para siempre. Algo que es para siempre tuvo un punto de principio. Lo que es eterno no tiene fin ni principio. Es tradicional decir que el anillo de matrimonio representa el amor eterno, porque es hecho en un círculo y no tiene principio ni fin definido. Pero no es así, porque es imposible que la criatura que existe en tiempo y tuvo principio pueda expresar hacia otra criatura finita el amor eterno.

Lo que éste verso me decía era que Dios siempre me ha amado. No había nunca un momento cuando el amor para mí entró en el corazón de Dios y no habrá nunca el momento cuando cese tal amor o no sería amor eterno.

Aunque entendí lo mecánico de ello, encontré que era necesario creer con intención éste amor eterno con que Dios me amó. Me encontré en una lucha interna para creerlo. Estoy seguro que no entiendo todo lo de ésta lucha. Sin duda era en parte un esfuerzo de sobrevenir mi historia pasada de dudar, sin saberlo, Su amor para mí. Finalmente, me requirió abandonarme a mí mismo, los temores, y los fracasos como cristiano.

Un día durante la misma semana un verso de Sofonías vino a mi mente: (traducido de inglés) ...*El descansará en Su amor; se regocijará sobre ti con cánticos.* Entonces me dijo, Si yo puedo descansar en mi amor para ti, ¿por qué no puedes descansar en mi amor para ti? Al recibir ésta palabra me trajo alivio de tensión que no conocía que tenía hasta que terminó. Pero es menester decirle que el diablo estaba allí para echar dudas en mi mente por medio de preguntas semejantes a las que hizo a Eva. Sin embargo, a pesar de las preguntas decidí a confiar en el amor de Dios y juntarme con Él en descansar en Su amor. Gracias, Padre Santo.

I Juan 4:16-19 dice: *nosotros hemos conocido y creído el amor que Dios tiene para con nosotros;...nosotros le amamos a Él, porque Él nos amó primero.*

Aunque somos semejantes en muchas maneras, todavía hay diferencias que nos hacen únicos. Como no hay dos copos de nieve exactamente igual, sino cada uno tiene algo que lo hace diferente de los trillones y trillones que han caídos desde el principio. Desde que somos diferentes es necesario que Dios trate con cada uno de nosotros según nuestras diferencias para reproducir en nosotros la imagen y semblanza de su Hijo. Por lo cual sea difícil relatar a las pruebas y aflicciones que los otros creyentes están experimentando. Hay veces cuando observamos a nuestros hermanos y hermanas regocijándose y nos parece no tener ansiedad ninguna, que el diablo usará ésta oportunidad para decirnos, ¿Qué es tu problema? Porque es muy obvio que tú tienes problema.

Conociendo y creyendo el amor que Dios tiene para con nosotros nos da la habilidad de confiar en Él al mismo momento en que estamos envueltos en pruebas y aflicciones y darle gracias por haber nos amado como somos a pesar de nuestras diferencias. El diablo capitalizará en toda clase de situación para hacernos mirarnos a nosotros mismos en vez de nuestro Padre Celestial que nos ama. Una estrategia del diablo es hacernos buscar alguna razón que justificaría que Dios nos ama. Esta busca generalmente ocurrirá sin nuestra conciencia. Es el Espíritu Santo solo que lo puede revelar.

Conociendo y creyendo el amor que Dios tiene para con nosotros es el fundamento sobre el cual la fe del cristiano se apoya. Jesucristo mismo es aquella fundación. El es la manifestación palpable del amor de Dios. *Porque de tal manera amó Dios al mundo, que ha dado a su Hijo unigénito...* Este Hijo constituye la fundación sobre la cual la creación nueva se edifica y se apoya. I Corintios 3:11;-Efesios 2:20.

Así, por negar el amor de Dios para con nosotros, por medio de fallar en creerle, también estamos negando y fallando de creer en Él, quién es la manifestación física de aquel amor. *En esto se mostró el amor de Dios para con nosotros, en que Dios envió a su Hijo en propiciación por nuestros pecados. En esto consiste el amor: no en que nosotros hayamos amado a Dios, sino en que El nos amó a nosotros, y envió a su Hijo en propiciación por nuestros pecados.---Nosotros le amamos a Él, no a causa de que fuéramos mandado, sino, porque Él nos amó primero.* I Juan 4:9,10-19.

El que cree en el Hijo de Dios, tiene el testimonio en si mismo; el que no cree a Dios, le ha hecho mentiroso, porque no ha creído en el testimonio que Dios ha dado acerca de su Hijo. Y este es el testimonio: que Dios nos ha dado vida eterna y esta vida está en su Hijo. El que tiene al Hijo, tiene la vida (eterna); el que no tiene al Hijo de Dios no tiene (ésta) vida. I Juan 5:10-12.

Estas cosas os he escrito a vosotros que creéis en el nombre del Hijo de Dios para que sepáis que tenéis vida eterna, y para que creáis (sigáis creyendo) en el nombre del Hijo de Dios. I Juan 5:13.

Y esta es la vida eterna: que te conozcan a ti, el único Dios verdadero, y a Jesucristo, a quien has enviado. San Juan 17:3.

ADICION

Una de las áreas principales de confusión para el cristiano es la expresión, la naturaleza pecaminosa. Esta terminología no se encuentra en los manuscritos del griego. Tal expresión es una invención de hombres para describir la condición humana. No puedo decir cual de las escrituras fueron usadas por la persona que primeramente concibió la expresión, pero me parece que Romanos 5:19 podría ser su origen. La primera parte del verso dice: ...*por la desobediencia de un hombre los muchos fueron constituidos pecadores,...* Como usted ya ha leído en el libro, *constituidos pecadores* quiere decir que nosotros tenemos la constitución o naturaleza del pecador.

Mi disputa no es si la expresión sea legítimo o no, sino contra el mal uso de ella en la versión Bíblica, VNI. (NIV). Sería más correcto referir a los traductores de ésta versión como interpretes. En vez de traducir las palabras del griego al equivilantes del otro idioma, ellos han insertado palabras según las ideas y entendimiento de ellos mismos. Palabras que no dan expresión exacta del griego. Por éste medio ellos han corrompido las escrituras y no han comunicado el pensamiento original que salió de la mente de Dios.

Las palabras originales del griego que ellos han reemplazadas son *la carne*. Mediante éste cambio, ellos han logrado introducir confusión y un obstáculo para llegar a un entendimiento correcto. Quiero decirle que la **naturaleza pecaminosa no es igual a la carne**. Vamos a leer unos ejemplos. Romanos 7:5: *Porque mientras estábamos en la carne....* Esta es la expresión exacta del griego. La versión VNI dice: Cuando estábamos bajo el control de la naturaleza pecaminosa... En éste caso, los traductores han puestos palabras inventadas en vez de usar las palabras sencillas y correctas.

Ahora vamos a leer la última parte de Romanos 5:19: *...así también por la obediencia de uno, los muchos serán constituidos justos...*. Igual como los muchos fueron constituidos pecadores por la desobediencia de Adán, los muchos serán constituidos justos por la obediencia de Cristo. Este cambio de constitución o naturaleza de ser pecador para ser justo fue realizado por Dios mediante la crucifixión de Cristo. Muriendo en la cruz fue el acto de obediencia de Cristo, como el acto de tomar del fruto prohibido fue el acto de desobediencia de Adán. No era posible que nosotros hagamos éste cambio de naturaleza. Esta obra pertenecía solamente a Dios.

Romanos 8:12-13 VNI: *Por tanto, hermanos, tenemos una obligación, pero no es la de vivir conforme a la naturaleza pecaminosa, porque si ustedes viven conforme a ella, morirán; pero si por medio del Espíritu dan muerte a los malos hábitos del cuerpo, vivirán.* Si lee desde el verso uno hasta el trece, verá que la palabra **carne** ha sido cambiada a la expresión, **naturaleza pecaminosa.**

Escogí los versos doce y trece porque el error se hace bien claro. En el principio Dios hizo las cosas vivientes con la capacidad de reproducir según su género, que es decir según su naturaleza. Por ejemplo: una cabra nunca podría dar a luz un cerdo, sino más cabras solamente. La VNI está diciéndonos que tenemos la naturaleza pecaminosa todavía, pero que no debemos vivir ni producir nada según ella. ¿Cómo es posible evitar hacer esto si es nuestra naturaleza?

Debemos escudriñar bien el verso trece. La VNI lo ha traducido así: *Porque si ustedes viven conforme a ella (la naturaleza pecaminosa), morirán; pero si por medio del*

II

Espíritu dan muerte a los malos hábitos del cuerpo, vivirán. La palabra, *ella,* refiere a la expresión, *naturaleza pecaminosa,* usada en verso doce. En el griego ésta es la palabra, *carne.* Sin embargo, la palabra traducida, *cuerpo,* también es la palabra, *carne,* en el griego. La misma palabra griega está usada para describir nuestra naturaleza y nuestro cuerpo físico. De esto podemos ver la libertad que los traductores tomaban con las palabras de los manuscritos.

Hay otra cosa que encontré interesante. ¿Ha visto, que los traductores usaban las palabras formales en vez de las familiares? También es igual en todas las epístolas de Pablo. ¿Cuán interesante, verdad?, que Dios de repente nos habla de tal manera como si nosotros éramos extranjeros y no como sus hijos amados.

Hemos dicho en la página segunda que era la responsibilidad de Dios para eliminar nuestra naturaleza pecaminosa que heredamos de nuestro padre previo, Adán. Sin embargo, tratando con la carne es la responsabilidad nuestra, como dice el verso 24 de Gálatas capítulo cinco: *Pero los que son de Cristo han crucificado la carne con sus pasiones y deseos.* Este verso nos dice que nosotros mismos, que pertenecemos a Cristo, hemos crucificado la carne. No dice que Dios lo hizo mediante la crucifixión de Cristo.

Por favor leer desde Gálatas 5:16 hasta el fin del capítulo. En la VNI toda referencia a la carne ha estada traducida, *la naturaleza pecaminosa.* Estos versos le deben enseñar que la carne está con nosotros siempre en éste mundo presente. Siempre codiciará la carne y su tendencia será hacia el orgullo y todos los apetitos del hombre natural. Pero Dios dice que si *andamos en el Espíritu no satisfagamos los deseos de la carne.* Porque *si sois guiados por el Espíritu, **no estáis bajo la ley.***

Recuerde, amado, que es la revelación de la justicia de Dios que da poder al evangelio. Y ésta misma justicia Dios impartió a nuestro ser (naturaleza) aún a nosotros que hemos creído en Jesús. Ya tenemos la naturaleza de los justos, de los santos, y de los santificados. Es éste depósito de justicia en nosotros que nos facilita para sobrevenir la carne. *Pues si por la trasgresión de uno solo reinó la muerte, mucho más* **reinarán en vida** *por uno solo, Jesucristo,* **los que reciben la abundancia de la gracia y del don de la justicia.**

En la luz de éstas cosas, *hermanos míos, fortaleceos en el Señor, y en el poder de su fuerza. Vestíos de toda la armadura de Dios, para que podáis estar firmes contra las asechanzas del diablo. Porque no tenemos lucha contra sangre y carne, sino contra principados, contra potestades, contra los gobernadores de las tinieblas de este siglo, contra huestes espirituales de maldad en las regiones celestes. Por tanto tomad toda la armadura de Dios, para que podáis resistir en el día malo, y habiendo acabado todo, estar firmes. Así, amado, pelea la buena batalla de la fe, echa mano de la vida eterna, a la cual asimismo fuiste llamado, habiendo hecho la buena profesión delante de muchos testigos.*